RTL Samstag Nacht

RTL Samstag Nacht

Herausgeber: Jacky Dreksler
Hugo Egon Balder

Autoren: Ralf Betz
Holger Schmidt
Mathias Taddigs
Jürgen Urig

Redaktion: Holger Hoffmann

Lappan

Marc Conrad gewidmet

Dieses Buch wäre nicht möglich gewesen ohne die großartigen Talente der Comedians
Wigald Boning, Olli Dittrich, Stefan Jürgens, Mirco Nontschew, Tanja Schumann
und Esther Schweins, ihre Mütter, Väter und Verwandte.
Ihnen allen danken wir herzlich für alles, was sie getan haben, tun und getan haben werden.

Außerdem geht ein besonderer Dank an:
Manfred Becker, Hans-Peter Dahlhausen, Claudia Deselaers, Ulrike Eiken-Lücken,
Martin Ernst, Bianca Esser, Birgit Fehrenkämper, Alexa Gref, Nicola Heinrichs, Ralf Lobeck,
Magic Eye, Magic Media Company, Richard Mahkorn, Robina Nowack,
Hanus Rohan, Dieter Schwalm, Frank Skerka, Christian Sonnhoff.

27. - 36. Tausend
3. Auflage Februar 1996

© 1995 RTL Television Merchandising/Licensing

©1995 Pacific Productions Verlags-und Produktions GMBH
Herausgeber: Jacky Dreksler, Hugo Egon Balder
Autoren: Ralf Betz, Holger Schmidt, Mathias Taddigs, Jürgen Urig
Redaktion: Holger Hoffmann
Vorwort: Hellmuth Karasek

© 1995 Lappan Verlag GmbH, Würzburger Straße 14, 26121 Oldenburg
Layout und Gestaltung: Dieter Schwalm (verantwortlich)
Ulrike Eiken-Lücken, Nicola Heinrichs, Christian Sonnhoff
Reproduktionen: Litho Niemann + M. Steggemann GmbH, Oldenburg
Gesamtherstellung: New Interlitho, S.P.A. Trezzano
Printed in Italy
ISBN 3-89082-569-9

Alle Rechte reserviert

Inhalt

Vorwort 7
Die Comedians: 8
    Wigald Boning 8
    Esther Schweins 12
    Mirco Nontschew 16
    Olli Dittrich 20
    Stefan Jürgens 24
    Tanja Schumann 28
Wir sind die Doofen 32
Frauen wollen Komplimente 34
Die News und das Wetter 36
Die Legende von "Schweins im Weltall" 44
Stand-up Stefan: 48
    Singles 48
    Gaffer 49
Die Traumhochzeit 50
Zwei Stühle - Eine Meinung: 52
    Boris Becker 52
    Reinhold Messner 54
Wigalds Welt: 58
    Der Schachreport 59
    Die Weinprobe 60
    Die Bräuche der Indianer 62
    Das Neueste von der Wasserfront 63
    Marseille 64
Die Sado-Maso-Game-Show 66
Stefan & Mirco: 70
    Einschaltquoten 70
    Sommerzeit 71
Die Goldvolksmusikhitparade der volkstümlichen
Musikantenstadlvolksmusik 72
Der Preis ist heiß 74
Wie Kristiane Kacker zu SAMSTAG NACHT kam 77
Die Gebrüder Mente: Das Tennismatch 80
Szenen einer Ehe: Das Hemd 82
Zwei Stühle - Eine Meinung: 84
    Mike Hansen 84
    Hajo Schröter-Naumann 86
Märchen-Man: "Rahaar, Rahaar - laß Dein runter, Herr Punzel!" ..90
Andere News und anderes Wetter 93
Karl Ranseiers Fotoalbum 101
"Einen gesegneten guten Abend" 104
Das Nonnenkloster 105
Das Familienduell 106
Backstage: SAMSTAG NACHT von Sonntag bis Freitag 108
Aus unserer Vitrine 123

Na, wie hat Ihnen das Buch bisher gefallen?

Schreiben Sie an RTL Samstag Nacht.

Zu gewinnen gibt es übrigens nichts.

Die Sendung RTL Samstag Nacht hat mein Leben spät, aber doch entscheidend verändert und umgeprägt. Nicht nur, daß ich dank der Sendung auf Rüdiger Hoffmann aufmerksam wurde, dessen westfälischer Charme mir deutsches Walten und Wesen auf nachdrücklichste Weise nahegebracht hat - "So sind wir!" mußte ich mir unter (Lach-)Tränen eingestehen.

Nicht nur, daß mir Esther Schweins klargemacht hat, daß sexuelle Ausstrahlung und Komik keine unversöhnlichen Gegensätze zu sein brauchen - im Gegenteil. Ihre Attraktivität vorausahnend, habe ich schon Jahre zuvor eine ebenfalls rothaarige Frau um ihre Hand, gegebenenfalls fürs Leben, gebeten.

Und auch Jesus ist mir dank der Lieder der "Doofen" wieder nähergerückt: "Jesus war ein Wandersmann, besonders auf dem Ozean", oder: "Aus einem Brötchen macht er zwei, Mensch schau doch mal vorbei".

Aber das ist es nicht. Da ich zwei kleinere Kinder habe (10 und 13, er und sie), denen ich die Spätsendung jeden Samstag auf Video aufnehmen muß und die mir zum Dank dafür ziemlich naturgetreu die wichtigsten Szenen aus "Zwei Stühle - Eine Meinung" immer wieder vorspielen oder mir ihre unverbrüchliche Liebe zu Mirco durch eigene "Märchen-Man"- oder "Wetter, Wetter"-Geschichten beweisen, lebe ich mehr oder weniger mit Samstag Nacht - Kinder können sehr konsequent sein, was das pausenlose Abspielen von CDs betrifft, so daß mich die Frage: "Warum ist die Banane gelb?" kaum noch überrascht.

Früher habe ich, wenn feinsinnige Freunde über das US-TieWie die Nase rümpften, immer gesagt: "Immerhin Saturday Night..." Daß man das in Deutschland so kongenial nachmachen, ja überbieten kann, hätte ich nicht gedacht.

Früher war einer meiner Lieblingswitze der von den drei dünnsten Büchern der Welt. Das sind nämlich: Das Kochbuch von Bangladesch, Die italienischen Heldensagen und "Fünfhundert Jahre deutscher Humor".

Ja, früher! Dank Pavarotti, Loriot und dank Samstag Nacht bin ich mir da nicht mehr so sicher. Es gibt ihn, den italienischen Helden(tenor) und den deutschen Humor!

Herzlich
Ihr
Hellmuth Karasek

WIGALD BONING

▼▼▼▼▼

Von Karl Lagerland

Wer konnte denn schon damit rechnen, daß ausgerechnet aus diesem Wildeshausen der Niedergang meiner Haute Couture kommen könnte? Wildeshausen, ich wußte ja noch nicht mal, wo das liegt! Ein kleiner Ort, weit weg von Paris, Mailand und New York, als Auslöser des Untergangs abendländischer Modekultur? Aber von Anfang an: Es war der 20. Januar 1967, als Wigald Boning das Rampenlicht der Welt erblickte - eben in Wildeshausen, dem Ort, den man in Norddeutschland nur vom Verkehrsstudio her kennt, weil dort auf der A 1 immer Stau ist. Nun hat die Modewelt schon einige Geburten überlebt, aber mit diesem Vorgang, der, wenn ich fair bin, weniger vorsätzlich von Wigald Boning ausging als von seinen Eltern, war es in diesem Fall noch längst nicht erledigt... Ob seine erste Windel vielleicht auch aus Kunstrasen war, oder ob seine Mutter ihn in alte Zeitungen wickelte, ist nicht überliefert. Aber es ist wahrscheinlich, wenn man sieht, wie sich der Mann heute anzieht. 1982 nahm dann das Unheil endgültig seinen Lauf. Wigald Boning begann, sein Gedankengut in die Welt zu tragen. Er gründete die Schüler-Punkbands "Die Schnösel" und "KIXX" und unternahm bis 1987 Tourneen durch Deutschland, Österreich, Schweiz und Italien. Nebenbei machte er noch Abitur und Zivildienst und verkaufte unglaubliche 1000 (in Worten: Tausend) Exemplare der LP "KIXX: Hidden Lover". Zu diesem Zeitpunkt waren wir in Paris, Mailand und New York zwar schon beunruhigt, verkannten aber das

Wigald, hier in einem dezent gemusterten Abendanzug aus grauem Flanell. Dazu passend trägt er eine leichte Kopfbedeckung aus reinem Polyester.

tatsächliche Ausmaß der Folgen. Ich selbst bereitete mich gerade darauf vor, eine überdimensionale Barbie-Puppe mit dem Namen "Claudia Schipper" (Arbeitstitel) auf den Markt zu werfen, suchte aber immer noch nach einem wirklich hohlen Wesen. Wigald Boning jedenfalls spielte Theater und 1989 den Kochlehrling "Kurt" im Kinofilm "Hard Days Hard Nights". Und dann kam endgültig sein Angriff auf all das, was Giorgio Armani, Christian Dior und ich in mühevoller Kleinstarbeit aufgebaut hatten. 1991 bis 1993 bekam er seine eigene Fernsehsendung "Bonings Bonbons" bei "Premiere". Es hätte schlimmer kommen können, werden Sie jetzt sagen, denn "Premiere" ist ja codiert. Es kam schlimmer: gerade diese Sendung kam uncodiert! Außerdem verfaßte er Beiträge für "Moskito" (SFB), "Extra 3" (NDR) und trat im "Quatsch Comedy Club" auf, wo er dann zu allem Überfluß auch noch Olli Dittrich kennenlernte, der mit seinen vorzugsweise karierten Anzügen auch nicht gerade einen positiven Einfluß auf Wigald ausübte. Seit 1993 gehört Wigald zum Ensemble von "RTL Samstag Nacht" und hat sich dort spätestens mit dem Lied "Mief!" auch noch gegen die Parfüm-Mode eingesetzt. Aber ich lasse mir das nicht bieten! Ich mache jetzt was anderes! Colani hat Autos designed, warum soll ich das nicht auch machen? Moment, Telefon ... Was?! Boning macht Werbung für Autos? - Neeeeiiiinnnn!!!!

Wofür interessierst du dich am meisten?

Wigald: *Jaaaa,... ich habe ja eine Zwei-Zimmer-Wohnung in München mit meiner Freundin zusammen... und ich überlege, ob man da eine Wendeltreppe mit 582 Stufen einbauen kann. Leider ist die Deckenhöhe nur 2,20 m... Ich kanns mir aber trotzdem vorstellen, muß das aber mit dem Handwerker noch mal genau besprechen.*

Welches unnütze Geschenk würdest du Stefan Jürgens machen?

Wigald: *Na ja..., ne Omo-Trommel... ein halbes Pfund Tomaten, ne gelbe Hollywood-Schaukel und einen Sack Frühkartoffeln.*

Als Kind bist du mal von einem libanesischen Torwart entführt, in den Sudan verschleppt und mit einer indischen Prinzessin verheiratet worden...

Wigald: *...auf dem Zug nach Nordjapan habe ich dann aber auch in Idar-Oberstein campiert... 1961... und habe dort Olli Dittrich kennengelernt. Allerdings stellten wir beide später fest, daß wir schon früher einmal was zusammen unternommen haben, und zwar an der Front in Sewastopol...*

...von wo du dich dann allerdings mit Hilfe einer korsischen Kellnerin nach Kiel absetzen konntest. Leider bist du ja dann gewaltsam von ihr getrennt worden, als dich ein Fahrradfahrer angerempelt hatte.

Wigald: *Ja genau, das war aber dann, nachdem ich mit Olli schon mein erstes Lied geschrieben hatte und nachdem die angolanischen Giraffen die Prodonen (?) aufgefressen hatten... auf der Bühne der Aula der Volkshochschule von Idar-Oberstein.*

Erst durch Zufall haben dich ja dann deine Eltern in einem Schilfkorb in der Weser-Datteln-Kanal-Straße 28 in Vechta wiedergefunden. Was ist aus dieser Zeit noch bei dir hängengeblieben?

Wigald: *Ich trage ja noch immer das Toupet, das ich mir damals gekauft hatte... wie gesagt, ich bin ja jetzt schon 6 Jahre alt, und ich habe mich gut gehalten, wahrscheinlich, weil ich immer viel rumgekommen bin und mich mit frischen Eindrücken jung gehalten habe.*

Was würdest du einem jungen, aufstrebenden Menschen raten, der deinen Job haben möchte?

Wigald: *Intelligenz und Bescheidenheit pflegen..., darüber hinaus Zuverlässigkeit perfektionieren. Vorsicht an der Bahnsteigkante... auch, wenn man über den Jägerzaun springt. Ganz wichtig sind korrekte Zähne..., ich habe auch mehrere teure Sitzungen bei einem Kölner Zahnarzt hinter mir. Der hat mir sämtliche Zähne herausgenommen und durch mit Binderfarbe besprühte PVC-Stifte ersetzt. Darum lächele ich selten mit offenem Mund, weil ich Angst habe, daß man erkennen könnte, daß ich gar keine echten Zähne habe.*

Was ist für dich das allerlustigste Wort von der ganzen Welt oder sogar von ganz Deutschland?

Wigald: *ZAHNSEIDENHEMDEN ist ein Wort, das mir eine der Zahnarzthelferinnen beigebracht hat: Die hat mir also das Hemd ausgezogen und mir damit zwischen den Schneidezähnen herumgefuhrwerkt, und durch dieses Zahnseidenhemd, das ich immer noch im Kühlschrank aufbewahre, sind meine Zähne jetzt auch ganz rot, weil dieses Hemd nämlich in Blaubeermarmelade getunkt war, und sich diese Farbe auf meine Zähne übertrug.*

Angenommen, du brichst dir ein Bein. Würdest du trotzdem weiter RTL gucken oder lieber Käsekuchen?

Wigald: *Das schließt sich ja nicht aus...Wenn ich RTL gucke, esse ich sowieso Käsekuchen. Ich habe ne Fernbedienung, die mit der Hand bedienbar ist und nicht mit dem Fuß - den braucht man dafür gar nicht! Wenn ich mir nur ein Bein breche, kann ich immer noch die Stehlampe mit dem anderen Bein ein- und ausschalten.*

Was ist das Besondere an Käsekuchen?

Wigald: *Ich bin ja eigentlich ein großer Käseverächter. Ich mag überhaupt keinen Käse, selbst Frisch- und Hüttenkäse mag ich überhaupt nicht. Bei Käsekuchen kann ich mir einbilden, daß ich gar kein solcher gastronomischer Banause bin, sondern hätte auch - wenn ich es wollte - die Möglichkeit, Käse zu essen....Obwohl Käsekuchen ja ganz anders schmeckt als ne Scheiblette!*

Wem würdest du gerne einen Käsekuchen auf den Po tätowieren?

Wigald: *Ich würds gerne bei mir selber machen, aber mein Spiegel, den ich hier stehen habe, ist ein* bißchen blind, so daß ich befürchte, daß das dann eher wie eine Erdbeertorte aussieht, vor allem, wenn ich zu stark zusteche mit dem Tätowiergerät und es dann ordentlich blutet. Käsekuchen ist sowieso kein gutes Motiv, weil ich sehr gerne in die Sauna gehe und der Käse dann ja überbacken würde...

Gibt es ein Lied, das du auch mit Käsekuchen im Mund singen kannst?

Wigald: *Alle meine Lieder sind von vornherein so konzipiert, daß man sie auch ohne Mund singen kann. Ich singe dann einfach aus dem Gesicht.*

Warum interessierst du dich sosehr für Käsekuchen?

Wigald: *Das ist eigentlich ein ganz beiläufiges Thema, Wendeltreppen sind wichtiger!*

Was ist das Besondere an Wendeltreppen?

Wigald: *Die Wendeltreppe ist eine Metapher für das Auf und Ab im Leben und das ständige Sich-im-Kreis-Bewegen..., für die Spirale, über die man dann zur Empfängnisverhütung kommen kann... und die somit als Fruchtbarkeitssymbol dienen kann, aber auch als Unfruchtbarkeitssymbol: Denn wenn so eine Wendeltreppe zusammenbricht, hat man nen Müllhaufen, der als Symbol für alles andere herhält.*

Angenommen, du bist bei einem Autounfall ums Leben gekommen. Nee, stellen wir die Frage anders, vielleicht nicht ganz so hart: Angenommen, du bist gehbehindert, blind, taub und stumm. Worüber könntest du noch lachen?

Wigald: *Ich würde mich kitzeln lassen.*

Dein Lieblingswitz?

Wigald: *Ich kenne ja nur zwei, weil ich im Moment eine Gedächtnisschwäche habe: Treffen sich zwei Magneten. Sagt der eine: Ich weiß nicht, was ich heute anziehen soll! - Den anderen habe ich vergessen.*

Welches der oben abgebildeten Fotos erinnert dich am ehesten an Leidenschaft?

Wigald: *Das ganz links.*

Und welches an Magenschleimhautentzündung?

Wigald: *Auch das links..., aber Leidenschaft und Magenschleimhautentzündung sind ja ganz eng miteinander verbunden... ich sage nur: Choleriker!*

Reizthema Telefonsex. Wie würdest du mich jetzt und hier auf Touren bringen?

Wigald: *Das Thema interessiert mich sehr! Ich habe neulich mal alle Nummern durchprobiert, die in der "Hamburger Morgenpost" stehen. Die Geschichte mit der Luftmatratze fand ich ganz gut... Aber ich habe dann gleich an meine Luftmatratze zu Hause gedacht und den Hörer beiseite gelegt, um nachzusehen, wo denn meine Luftmatratze abgeblieben ist..., und als ich zurückkam, war die Geschichte schon vorbei!*

Was ist dein Lieblingbaum?

Wigald: *Die Silberpappel.*

Dein Lieblingsfarbenblinder?

Wigald: *Ich bin selber mein Lieblingsfarbenblinder.*

Dein Lieblingsessener?

Wigald: *Rehhagel, Roman Herzog, Leonardo da Vinci und Johann Wolfgang Goethe.*

Dein Lieblingsblumentopfhändler?

Wigald: *Ich hab gar keine Blumen.*

Dein Lieblingswetter?

Wigald: *Bayerischer Himmel.*

Was fällt dir ein bei dem Wort "Segelohren"?

Wigald: *Klumpfuß und Waschlappen.*

▶ *"Alle meine Lieder sind von vornherein so konzipiert, daß man sie auch ohne Mund singen kann."*

Panik?

Wigald: *"Scherben und gequältes Steinfleisch."*

Bettwäsche?

Wigald: *"Rosa mit kleinen Tupfen."*

Mitmieter?

Wigald: *Müssen bei mir abschrubben und sind immer wilkommen. Ich habe Rüdiger Hoffmann schon gefragt, aber der ist ja immer auf Tour.*

Imbusschlüssel?

Wigald: *Ich habe mir neulich sechshundertzweiundzwanzig Imbusschlüssel gekauft, die liegen bei mir zu Hause in der Obstschale neben den Bananen. Ich versuche, sowohl Imbusschlüssel als auch Bananen als Mitmieter zu rekrutieren, davon hätte ich dann genug...*

ESTHER SCHWEINS

Mittwoch späte Nacht.

Das Haus, in dem sie wohnt, liegt dunkel vor mir. Es ist der dritte Tag. Ich habe mir eine Zigarette angezündet und spiele mit mir selber Brandflecken-Tic-Tac-Toe auf dem karierten Beifahrersitz. Wenn ich nicht bald gewinne, brauche ich neue Bezüge. Sie ist Schauspielerin und Sie wissen ja, was man über Schauspielerinnen sagt: "Ramme ihnen nie einen Eichenpfahl durchs Herz, wenn du ein Autogramm von ihnen willst!" Aber das trifft auf die meisten Menschen zu. Auch auf mich. Mein Leben ist einsam, und das Aufregendste, was mir heute passiert ist, war die Schießerei im Penny-Markt. Esther Schweins auf den Fersen zu bleiben, ist kein einfacher Job. Sie handelt oft vollkommen überraschend, das kann einen wie mich ganz schön auf Trab halten. Manchmal bleibt sie die ganze Nacht in ihrer Wohnung, bis meine Aufmerksamkeit nachläßt. Und dann springt sie plötzlich, um zehn Uhr morgens, in ihr Auto und fährt weg, als würde sie ahnen, daß ich sie im Visier habe. Man muß auf Draht sein, um da mitzuhalten.
Heute nacht werde ich ihre schwache Stelle finden. Ich gehe jetzt in ihr Haus, und wenn ich wieder in dieses Buch schreibe, habe ich die Informationen, die ich für Freitag brauche, und dann wird es ein Kinderspiel.

Donnerstag vormittag.

Esther hat einen Hund, einen großen, schlabberigen, sehr starken Hund. Sein Name ist BOLLE, wie ich der Plakette an seinem Halsband entnehmen konnte, die vor meinen Augen baumelte, als er gerade versuchte, mir die

Im Alter von 9 Jahren erkrankte Esther an der seltenen japanischen Mini-Geisha-Krankheit. Sie konnte nach 12 Jahren geheilt werden.

Kehle durchzubeißen.
Mein nächtlicher Besuch war nicht so erfolgreich, wie ich erhofft hatte. Dabei kann ich sonst eigentlich sehr gut mit Tieren. Aber es gibt andere Mittel und Wege, an Informationen zu kommen: Ich werde mir mal den Briefträger vornehmen.

Donnerstag später Vormittag.

Der Briefträger konnte mir nichts über Esther Schweins erzählen. Dafür faselte er irgendwas über Rosebud und daß es der Kinderschlitten von Charles Foster Kane gewesen sei. Aber wen interessiert das? Na ja, vielleicht wissen die Nachbarn mehr. Frau Marianne Kaiser wohnt direkt unter Esther, und Sie wissen ja, was man über Leute, die unter einem wohnen, sagt: "Niemand weiß mehr über dich als der, der unter dir wohnt, außer vielleicht dein Priester, aber nur, wenn du katholisch bist." Und ich bin nicht katholisch.

Donnerstag kurz vor Mittag.

Frau Kaiser war ein wahrer Quell interessanter Informationen. Bei einer Tasse frischgebrühten Kaffees erklärte sie mir ihre Theorie, wie man durch Spektralanalyse von Neutronensternen und Pulsaren die Existenz schwarzer Löcher nachweisen kann. Außerdem wußte sie einiges über Esther. Als Gedankenstütze das Wichtigste in Kürze: Geboren ist sie am 18.4.1970 in Oberhausen, aufgewachsen in Viernheim, ▶

Abitur 1989, dann Schauspielschule in Karlsruhe und ab 1991 in Bochum. Einige kleine Jobs, die zu Samstag Nacht führten. Rollen in den Serien "Tatort", "Hopper", "Drei zum Verlieben". Ihr Lieblingssport: Baseball. Nichts, was meine Aufgabe vereinfachen könnte. Aber als ich so mit Frau Kaiser dasaß und Kriegsgeschichten austauschte, passierte etwas Bemerkenswertes. Es kommt mir vor, als wäre es gerade eben gewesen, dabei ist es schon 5 Minuten her.
Aus der Wohnung über uns hörte ich Musik: Barry Manilow. Frau Kaiser verdrehte die Augen. Esthers Faible für den amerikanischen Barden scheint das ganze Haus zu nerven. Warum gerade Barry Manilow, ein Mann mit einer unendlich großen Nase? Sollte ich auf einen geheimen Wunsch in Esther gestoßen sein? Denn Sie wissen ja, was man über die Nase eines Mannes sagt: "Je größer, desto auffälliger." Das ist es, das sind genau d i e Informationen, mit denen ich sie morgen rumkriegen werde.

Freitag, früher Nachmittag.

Ich bin bereit. Aus den Lautsprechern dröhnt Barry M. Das hat mich einige Anstrengung gekostet, aber Bärbel, die die Musikbänder einlegt, schuldete mir noch einen Gefallen. Meine Manilow-Nasen-Prothese sitzt perfekt. Jetzt in diesem Augenblick müßte Esther ankommen. Ich weiß, ich werde es schaffen. Sie wird nicht widerstehen können. Ich muß nur warten. Alles steht an seinem Platz. Ich habe den Text hundertmal vor mich hingesagt.
Da kommt Esther aus dem Gang mit den Backwaren auf mich zu. Sie hört die Musik, sie sieht meine Nase, ihr Widerstand ist auf dem Nullpunkt: Wie könnte sie mir etwas abschlagen? Jetzt oder nie! Ich springe nach vorne und sage mit fester Stimme: "Würden Sie gerne von unserem neuen, lockeren Streichkäse probieren, 500 Gramm nur 1,98 DM?" Ich halte ihr das Tablett mit dem sahnigen Schmierkäse direkt ins Gesicht. "Nein danke." Sie geht weiter. Schade eigentlich.

Was magst du an Interviews am wenigsten?

Esther: *Die Fragezeichen.*

Was am liebsten?

Esther: *Daß ich dabei manchmal Zeit für ein Nickerchen habe.*

Was wärst du gerne, wenn du nicht schon du wärest?

Esther: *"Die kleine Hexe."*

Was war der erste bezahlte Satz, den du öffentlich gesagt hast?

Esther: *"Schaut, wie alles um mich blitzt und singt und lacht!" Das war auf den Gengenbacher Festspielen im Stück "Das große Welttheater".*

Wen würdest du gerne mal darstellen?

Esther: *Den kleinen Wassermann.*

Wen willst du niemals darstellen?

Esther: *Claudia Nolte.*

Was bedeutet dir das Wort "Hundesteuer"?

Esther: *Vielleicht sollte ich Bolle doch irgendwann mal anmelden.*

Was empfiehlst du einem Hundebesitzer, dessen Hund noch nie mit dem Schwanz gewedelt hat?

Esther: *Er sollte sich einen Delphin kaufen und mit ihm im Bermuda-Dreieck Gassi gehen.*

Welches unnütze Geschenk würdest du Mirco Nontschew machen?

Esther: *Einen Rasierer, den braucht er ja noch nicht...!*

Was fällt dir zu der Liedzeile "Er gehört zu mir, wie mein Name an der Tür" ein?

Esther: *Daß ich mein Klingelschild endlich mal leserlich anbringen sollte.*

Trägst du auch nachts Nonnentracht?

Esther: *Nein.*

Was ist ein Kloster?

Esther: *Ein Kloster ist ein Hort des Friedens, des Schweigens und des Betens und damit ein Ort, wo ich nicht unbedingt hinwill.*

Was ist für dich das allerlustigste Wort von der

ganzen Welt oder sogar von ganz Deutschland?

Esther: *Bück Dich.*

Angenommen, du brichst dir ein Bein. Würdest du trotzdem weiter RTL gucken oder lieber Käsekuchen?

Esther: *Käsekuchen.*

Was ist das Besondere an Käsekuchen?

Esther: *Weich und flockig.*

Wem würdest du gerne einen Käsekuchen auf den Po tätowieren?

Esther: *Dem Fragesteller.*
(Dieser mußte nach dieser Antwort in Behandlung - gute Besserung! Anm. d. Red.)

Stell dir vor, du wirst wach und stellst fest, daß du beim Käsekuchenessen eingeschlafen bist. Was würdest du tun?

Esther: *Ich würde mal das Rezept nachprüfen - ob da wirklich eine Flasche Rum rein muß?*

Gibt es ein Lied, das du auch mit Käsekuchen im Mund singen kannst?

Esther: *"Er gehört zu mir..."*

Warum interessierst du dich sosehr für Käsekuchen?

Esther: *Der Käsekuchen ist eines der letzten großen eßbaren Rätsel unserer Zeit.*

Angenommen, du bist bei einem Autounfall ums Leben gekommen. Nee, stellen wir die Frage nicht ganz so hart. Angenommen, du bist gehbehindert, blind, taub und stumm. Worüber könntest du noch lachen?

Esther: *Über Behindertenwitze.*

Was ist dein Lieblingswitz?

Esther: *Kommt ein Mann zur Polizei. "Herr Hauptmann, Herr Hauptmann... ich habe meine Frau geamselt!"... Meint der Hauptmann: "Geamselt...? Sie meinen wohl vögelt?" Mann: "Äh... nein... ich habs gleich...: Erdrosselt!"*

Welches der oben abgebildeten Fotos erinnert dich am ehesten an Leidenschaft?

Esther: *B.*

Und welches an Magenschleimhautentzündung?

Esther: *B - an leidenschaftliche Magenschleimhautentzündung!*

Wie steht es um deine Geschlechtlichkeit?

Esther: *Ganz gut.*

Reizthema Telefonsex. Wie würdest du mich jetzt und hier auf Touren bringen?

Esther: *Ich würde dir mein Rezept für Käsekuchen verraten.*

Was ist dein Lieblingsbaum?

Esther: *Trauerweide.*

Dein Lieblingsfarbenblinder?

Esther: *Bolle.*

Dein Lieblingsessener?

Esther: *Meine Tante in Essen.*

Dein Lieblingswetter?

Esther: *Sonne.*

▶ *"Ein Kloster ist ein Hort des Friedens,*
▶ *des Schweigens und des Betens und*
▶ *damit ein Ort, wo ich nicht unbedingt*
▶ *hinwill."*

MIRCO NONTSCHEW

Es war einmal vor langer, langer Zeit, da lebte in einem fernen Land ein Barde. Dieser Barde hieß Nontschew, und da er einer der besten Barden im ganzen Land war, durfte er in der Hauptstadt Berlin bei Hofe musizieren. Dort spielte er zusammen mit den berühmtesten Barden der ganzen Welt, unter anderem mit Fats Domino, einem berühmten Barden, der ganz dunkle Haut und dicke Backen hatte. Nun trug es sich zu, daß die Frau dieses Barden am 29. Tag im Oktober des 69. Jahres ein Kind zur Welt brachte. Der kleine Junge erregte schon kurz nach der Geburt großes Aufsehen, weil er komische Geräusche von sich gab, die irgendwie nach einem Ochsenfrosch klangen. Danach verzog er das Gesicht zu einer Grimasse, so daß alle lachen mußten. Deshalb wurde beschlossen, den kleinen Bardensohn Mirco zu nennen, und die ganze Dienerschaft feierte drei Tage lang ein ausgelassenes Fest. Die Jahre gingen ins Land und der kleine Mirco wuchs zu einem richtigen Lausebengel heran. Obwohl er schon früh vom Vater die Kunst des Musizierens lernte und rege die Dorfschule besuchte, hatte der junge Bardensohn häufig Zeit, bei Hofe durch seine Streiche für Verwirrung zu sorgen. Immer wieder, wenn fahrende Schausteller zu Gast waren, saß Mirco mit großen Augen vor den bunten Wagen und schaute sich die Darbietungen der Künstler an. Oftmals spielte er die Stücke abends noch einmal in der Küche nach und bekam von den Küchenmägden noch ein Extrastückchen Kuchen zugesteckt, besonders dann, wenn

Mirco bei der Präsentation seiner ersten Klopapierkollektion.

er diesen bayerischen Schuhplattlertanz aufführte. Für den angehenden Barden stand schon früh fest, daß er den Leuten Spaß bereiten wollte, und das tat er auch aufs Zauberhafteste. Er wollte Narr werden, am besten musizierender Narr, also eine bisher noch nie dagewesene Unterhaltungsform erfinden. Das würde dem König sicherlich gefallen. Dabei sollte die Ausbildung beim Hofmagier helfen. Der brachte ihm bei, wie man das Wetter richtig vorhersehen kann. Mirco lernte von dem alten, halbblinden Mann, wie man aus den unmöglichsten Anzeichen ein Wetter herausdeutet, das dem König gefällt, und wie man Kleidungsstücke so zusammenstellt, daß immer etwas Glitzerndes dabei ist. Das machte auch auf die Jungfrauen bei Hofe großen Eindruck, und Mirco genoß seine Beliebtheit sichtlich. Aber immer wieder mußte Mirco noch mehr lernen. Nachdem seine Ausbildung beim Magier abgeschlossen war und er sogar das Wetter aus den Truppenbewegungen der feindlichen Königreiche deuten konnte, ging er beim Medicus in die Lehre. Dort lernte er, wie man aus Gold, Granit oder Holz einen passenden Zahnersatz herstellt. Obwohl er auch das bis zur Perfektion lernte, war es dem Bardensohn auf die Dauer zu langweilig. Oft schlich er sich des Abends aus dem Haus und besuchte die Dörfer der Umgebung. Dort gab er dann in den Schänken etwas von seiner Schaustellerkunst oder seiner Musik zum besten. Das gefiel den Menschen, und so wurde Mirco ein gerngesehener Gast in allen Dorfschänken, auf allen Festen und sogar in den Gemächern der Prinzessin. Überall durfte er seine Späße machen.

Schon in jungen Jahren feierte Mirco große Erfolge als uneheliche kleine Schwester von Maria und Margot Hellwig.

Dann kam Mircos großer Tag. Die Prinzessin sollte verheiratet werden. Sie war gerade 15 Jahre alt geworden, und deshalb ließ der König ein großes Fest organisieren. Natürlich war dem König das Beste nicht gut genug, er wollte das Allerbeste. So kam es, daß der Bardensohn endlich auch bei Hofe vor dem König spielen sollte. Das Fest sollte sieben Tage dauern. Man hatte 777 Gäste eingeladen, darunter auch viele Könige und Prinzen aus anderen Königreichen. Es gab 77 verschiedene Geflügelgerichte, sieben Ochsen und für jeden Gast eine Vorsuppe. Am siebten Tag, zum Höhepunkt des Festes, sollte Mirco seinen großen Auftritt haben. Und dann war es endlich soweit: Die Tür zum Thronsaal öffnete sich, und Mirco schritt, unter dem tosenden Applaus der zahlreichen Gäste, bis vor die Tafel der Ehrengäste. Neben dem König saß die Prinzessin, daneben Frank Zander, der Prinz, der die Prinzessin heiraten würde, und dann noch ein König aus einem fernen Königreich, das man Hürth-Kalscheuren nannte. Dieser ganz in Schwarz gekleidete Adelige nannte sich Hugo Egon Balder und blickte interessiert auf den jungen Narren. Dann legte Mirco los. Seine Darbietungen waren das Beste, was je an Narretei im Thronsaal zu sehen war. Die Gäste kamen aus dem Lachen überhaupt nicht mehr heraus, manche fielen vor Lachen um und blieben vor Erschöpfung besinnungslos liegen. Als Mirco sich zum Schluß seiner Vorführung verbeugte, gab es einen Applaus, der in der ganzen Stadt zu hören war. Alle waren aus dem Häuschen, sogar die alte Hexe im Wald. Sie hörte das laute Klatschen, brach ein Stück von ihrem Fensterbrett ab, biß hinein und schüttelte verständnislos den Kopf. Im Thronsaal aber, da war Mirco umringt von vielen Menschen. Alle wollten mit ihm sprechen oder ihn anfassen. Viele der jungen Mädchen fielen in Ohnmacht, wenn er sie berührte. Dann wurde auf einmal Platz gemacht, denn der König Balder kam auf ihn zu. König Balder wollte ihn mit nach Hürth-Kalscheuren nehmen. Dort sollte er jede Woche mit fünf anderen Narren bei Hofe spielen, und viele viele Leute sollten dabei zuschauen. Darunter auch viele schnelle Maler, die die Vorstellungen aufzeichnen sollten. Diese Bilder wurden dann in die Häuser der Bürger gebracht, die nicht bei Hofe dabeisein konnten. So kam es, daß Mirco einer der berühmtesten Barden auf der ganzen Welt wurde, und wenn er nicht gestorben ist, dann macht er noch heute seine Späße, und die Leute lachen noch immer über ihn - wenn sie sich nicht totgelacht haben.

Was magst du bei Interviews am wenigsten?
   Mirco: *Blöde Fragen.*

Was am liebsten?
   Mirco: *Mich!*

Welchem Monster würdest du gerne mal ein neues Gebiß verpassen?
   Mirco: *Batman.*

Kannst du dir mal was vorstellen?
   Mirco: *Ja... ein Buch... das wird ein Remix von Casablanca sein.*

Wo kann man dich abstellen?
   Mirco: *Am Flughafen.*

Was bedeutet dir deine Stimme?
   Mirco: *Sehr viel. Die brauche ich unbedingt.*

Wenn du sie abgeben müßtest, wem am liebsten?
   Mirco: *Herrn Balder... öhm, öhm... meiner Mutter.*

Welches unnütze Geschenk würdest du Tanja Schumann machen?
   Mirco: *Ein Paar Absatzschuhe.*

Als Kind hast du mal dein Lieblingspony in einer Waschmaschine versteckt und bei 90°C gewaschen. Was war das für ein Gefühl, als deine Mutter das eingelaufene Pony entdeckte?

Mirco: *Ich war auf jeden Fall stinksauer..., denn das Pony war ein Teil von meinem Leben.*

Angenommen, du brichst dir ein Bein. Würdest du trotzdem weiter RTL gucken oder lieber Käsekuchen?

Mirco: *Nee... Käsekuchen.*

Was ist das Besondere an Käsekuchen?

Mirco: *Der riecht ein bissel...*

Wem würdest du gerne einen Käsekuchen auf den Hintern tätowieren?

Mirco: *Hella von Sinnen.*

Stell dir vor, du bist beim Käsekuchenessen eingeschlafen. Was würdest du tun?

Mirco: *Die Feuerwehr rufen.*

Gibt es ein Lied, das du auch mit Käsekuchen im Mund singen kannst?

Mirco: *"Schwarzbraun ist die Haselnuß."*

Warum interessierst du dich sosehr für Käsekuchen?

Mirco: *"Ich habe doch damals eine Ausbildung als Zahntechniker gemacht..., und da hatte ich öfter mal mit Käsekuchen zu tun.*

Wie definierst du Erfolg?

Mirco: *Schnelligkeit.*

Wie buchstabierst du Erfolg?

Mirco: *G-E-L-D.*

Welches der oben abgebildeten Bilder erinnert dich am ehesten an Leidenschaft?

Mirco: *Das Bild mit der Kuh!*

Und welches an Magenschleimhautentzündung?

Mirco: *Das mit der Gurke und mit der Tomate.*

Wie steht es mit deiner Geschlechtlichkeit?

Mirco: *Läuft! ...optimal! Ich nehme ja auch Vitamintabletten.*

Reizthema Telefonsex. Wie würdest du mich jetzt und hier auf Touren bringen?

Mirco: *Ich würde sagen, daß ich nackt am Telefon stehe... und einen Riesen... fön in der Hand habe... und alles trockenblase...*

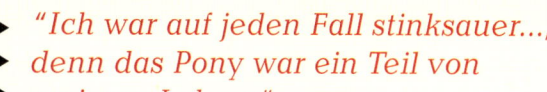

> ▶ *"Ich war auf jeden Fall stinksauer...,*
> ▶ *denn das Pony war ein Teil von*
> ▶ *meinem Leben."*

Was ist dein Lieblingsbaum?

Mirco: *Fichte.*

Dein Lieblingsfarbenblinder?

Mirco: *Heino.*

Dein Lieblingsessener?

Mirco: *Harald Juhnke.*

Dein Lieblingsblumentopf?

Mirco: *Las Palmas.*

Dein Lieblingslidschatten?

Mirco: *Braun.*

Dein Lieblingswetter?

Mirco: *Sonne.* ◀

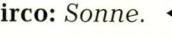

OLLI DITTRICH

Es war der 20.11.1956. Hieronymus Ronzgerber, von Beruf Hellseher, lief in seinem kleinen Haus in Ritzenbach aufgeregt die Treppen auf und ab. Heute war es soweit. Allen im Dorf hatte er es vorausgesagt. Doch keiner glaubte ihm. Sie hielten ihn für einen Spinner. Nur er wußte es besser. Er hatte den Jahrhundertwechsel bereits als Knabe im Jahr 1896 vorausgesehen. Jetzt aber saß er vor seiner Kristallkugel und schaute in den aufsteigenden Nebel. Dort irgendwo passiert es. Heute. Ein Ereignis, das die Welt verändern wird. Ronzgerber glaubte zuerst an ein Erdbeben. Oder einen Wirbelsturm. Oder eine wilde Horde von Feinden, die über Deutschland hinwegfegen werden wie einst Attila mit seinen fleischweichreitenden, Germanistinnen vergewaltigenden Hunnen. Auf jeden Fall hatte er schon mal vorsorglich alle Fenster und Türen verschlossen, die Milch abbestellt und den Hund erschlagen. Der sollte nicht Zeuge des Schreckens werden. Noch immer sah Ronzgerber nur grauen Nebel in der Kugel. Schnell stopfte er ein paar getrocknete Kräuter in den Pfeifenkopf und zündete sie mit einem tiefen Lungenzug an. Der Hustenanfall, der ihn daraufhin überkam, übertönte zunächst die heftigen Klopfgeräusche an seiner Tür. Langsam kam er wieder zu sich, spuckte einen blutigen Fleck in die Zimmerecke und lauschte auf. Lautes Stimmengewirr und aufgebrachte Schreie drangen durch die Tür bis in Ronzgerbers halbtaubes Ohr, gefolgt von heftigem Klopfen an Fensterläden und Türen. Ronzgerber wußte, was die da draußen von ihm wollten. Er schuldete allen im Dorf Geld. Aber jetzt gab es wichtigere Dinge zu tun,

Olli telefoniert mit dem Hellseher Hieronymus Ronzgerber.

als sich mit seinen Gläubigern zu streiten. Mit dem ersten Axtschlag gegen seine Haustür blickte Ronzgerber wieder in die Nebel. Einen einzigen Blick, einen kleinen Hinweis wollte er auf dieses Ereignis, von dem man noch in 40, 50 oder mehr Jahren reden wird. Und dann sah er es. Während von draußen die ersten Stimmen durch die eingeschlagenen Fensterläden drangen, sah Ronzgerber, daß alles noch viel schlimmer wird, als er es jemals zu hellsehen gewagt hätte. Aus den bunten Nebeln seiner Kristallkugel drangen die Schreie eines Babys. Mein Gott, dachte Ronzgerber, ist das hessisch. Das ist ja das hessischste Baby, das isch jemals gesehen habe. Mit entsetzten Augen sah er das Schicksal seinen Lauf nehmen. Während draußen die Fensterläden abgerissen wurden, wuchs das Baby in seiner Kristallkugel zum Mann, verließ Hessen, ging nach Hamburg und tat das Entsetzlichste, was sich Ronzgerber vorstellen konnte: Es wurde Theatermaler. Und als sei es damit nicht genug, lernte es unnütze Dinge, die niemand auf der Welt brauchen kann. Gitarre spielen, Klavier und Schlagzeug. Was soll nur aus unserem schönen Land werden, dachte Ronzgerber und sah, unter den immer heftiger werdenden Axtschlägen, mit schreckgeweiteten Augen in seine Kugel. Er hörte das Baby erneut schreien. Nein, es war noch grausamer: Es sang. Es machte tatsächlich eine Gesangsausbildung. Oh, Deutschland, oh, Vaterland. Ronzgerber schlug die Hände vor die Augen. Zwischen den gespreizten Fingern hindurch sah er den unaufhaltsamen Untergang seiner Werte. Er hörte nicht die schweren Stiefel, die durch seinen Hausflur polterten. Er war starr vor Schrecken, denn das Baby, das da vor seinen Augen Deutschland veränderte, komponierte! Für seltsam gekleidete Menschen, die geradewegs der Hölle entstiegen schienen. James Last nannten sie einen. Annette Humpe eine andere. Und dann dieser Haufen bunt- ▶

gefiederter, sogenannter "Prinzen". Ein Erdbeben, ein Wirbelsturm, ja sogar Germanistinnen vergewaltigende Hunnenhorden wären ein standesgemäßes Ende für sein Deutschland gewesen. Aber das, was er dort im Kristallkugelnebel nun sah, war schlimmer als all diese Katastrophen zusammen. Tränen liefen durch Ronzgerbers faltiges Gesicht, tropften auf sein spekkiges Unterhemd und hinterließen auf dem sandbedeckten Holzboden sternförmige Kräter. Dort in der Kugel lachten die Menschen nun über das Baby aus Hessen. In einem Raum mit dem unsäglichen Namen "Quatsch Comedy Club". Und dann, ja, dann, irgendwann im Jahre 1992 geschieht es: Das Baby aus Hessen trifft auf Wigald Boning, die beiden bringen die Menschen zum Lachen und - sie singen. Hieronymus Ronzgerber drehte sich um und erkannte mit verschwommenem Blick die aufgebrachten Bürger von Ritzenbach, die sich um ihn versammelt hatten. Still, in sich hineinversunken und kraftlos, übergab er sich vor den Dorfbewohnern. Wie durch eine graue Wand wurde er die Treppe hinunter durch den Flur geschoben. Die Leute schlugen ihn auf die Schultern, immer wieder... Er spürte keinen Schmerz mehr. Durch eine Watteschicht hindurch vernahm er die Stimmen, die ihm zujubelten. Zujubelten? Was ist los, dachte Ronzgerber. Dann sah er, von den Sonnenstrahlen geblendet, die Umrisse zweier fremder Gestalten. Guten Tag, tönte es aus der einen, wir sind vom Internationalen Hellseherverband. Sie sind zum Hellseher des Jahres gewählt worden. Ronzgerber sah sich erschrocken um. Jetzt konnte er alles klar erkennen. Das ganze Dorf hatte sich vor seinem Haus versammelt. Und er sah in ekelhaft lachende Gesichter. Ja, jetzt hörte er es sogar: Sie lachten, sie lachten lauthals. Aufhören, hört auf zu lachen. Was gibt es da zu lachen? Aufhören, ihr Tiere, schrie er und hielt sich die Hände schützend vor die Ohren. Plötzlich spürte er, wie seine Nase anschwoll. Unter dem lauten Gelächter der Umherstehenden wurde sie groß und größer und knallrot und aus Plastik. Hilflos sah er sich um. Gerade konnte er noch erkennen, wie die beiden Herren vom Hellseherverband die Urkunde zerrissen und schulterzuckend davoneilten. Ronzgerber fiel weinend auf die Knie, wobei er feststellte, daß auch seine Schuhe eine überdimensionale Größe angenommen hatten. Ein kleiner Junge schien ihn trösten zu wollen und reichte ihm eine Blume. Ronzgerber sah ihm dankbar in die Augen und griff nach ihr. In diesem Moment drückte der Junge einen Blasebalg am Stielende der Blume. Ein Wasserstrahl traf Ronzgerber mitten ins Gesicht, woraufhin er, unter dem Jubel der Ritzenbacher, schwerverletzt umfiel. Und während in Ritzenbach im Spessart der unlustigste Hellseher aller Zeiten von seinen dörflichen Mitbewohnern totgelacht wurde, erblickte am 20.11.56 in Offenbach in Hessen Olli Dittrich das Licht der Welt und machte Ronzgerbers Voraussagen wahr.

Was bedeutet dir C-Dur?

Olli: *C-Dur ist die Subdominante. Die bedeutet mir sehr viel. Denn in C-Dur sind schöne Lieder komponiert worden. Zum Beispiel "Jesus", ein sehr schönes Lied.*

Wie hieß dein erstes Instrument mit Vornamen?

Olli: *Walther...*

Mit Nachnamen?

Olli: *Walther gar nicht. Der hieß nur Walther. Das war ne Gitarre, und ich hatte sie erst mal gestimmt gekauft, und nach drei Jahren war sie verstimmt. Ja, und dann habe ich sie irgendwann in die Altkleidersammlung gegeben. Vielleicht hat sich ja jetzt so ein armer schwarzer Junge in Afrika oben das Stück rausgeschnitten und setzt sich da rein und paddelt damit über den Victoriasee. Nette Vorstellung...*

Wie kriegst du gute Stimmung im Saal?

Olli: *Indem ich auch gut gelaunt bin. Denn du mußt zunächst einmal selber gut gelaunt sein und den Menschen zeigen, daß du Spaß dran hast, gut gelaunt zu sein.*

Als Kind bist du beim U-Bahn-Surfen in der Hamburger Innenstadt mit einem Schaf zusammengestoßen. Was war denn das für ein Gefühl? Erzähl doch mal.

Olli: *Ja, das war eben - ein Schaf ist ja eben, wie der Name nicht sagt, weich. Und in diesem Fall* war das Schaf aber scharf. Und da habe ich mich so ein bißchen verletzt. Und seitdem stehe ich dem Schaf grundsätzlich sehr skeptisch gegenüber. Also, wenn ich jetzt so ein Schaf sehe, werde ich skeptisch.

Trägst du trotzdem Wollpullover?

Olli: *So weit geht der Haß auf das Schaf dann doch nicht. Ja, ich trage Wollpullover, solange der Kopf nicht dran ist..*

Welches Lied sollte sich Helmut Kohl einmal anhören?

Olli: *"Ich bau dir ein Haus aus Schweinskopfsülze."*

Was ist für dich das allerlustigste Wort von der ganzen Welt oder sogar von ganz Deutschland?

Olli: *Das Wort "lustig"!*

Angenommen, du brichst dir ein Bein. Würdest du trotzdem weiter RTL gucken oder lieber Käsekuchen?

Olli: *Ich darf nur eins von beiden? Dann nehm ich das mit dem Käsekuchen!*

Was ist das besondere an Käsekuchen?

Olli: *Ich muß ja auch im Alter daran denken, daß ich nicht zu dick werde, und RTL ist ja nun eine, sagen wir mal, eine vielschichtigere Kost mit sehr viel Zucker. Und das ist kalorienbedingt die schlechtere Ernährung. Ich meine, in dem Fall ist es sowieso egal, wenn man beides anguckt. Das müßte ich mir jetzt eigentlich noch einmal genauer überlegen, wie das eigentlich ist. Wenn ich mir jetzt nen Kuchen angucke, wird das natürlich auch sehr schnell langweilig. Das ist auch schlecht. Aber ich darf den Kuchen ja gar nicht essen. - Ja, dann weiß ich es eigentlich auch nicht so genau.*

Wem würdest du gerne einen Käsekuchen auf den Po tätowieren?

Olli: *Dem Schaf aus der U-Bahn.*

Stell dir vor, du wirst wach und stellst fest, daß du beim Käsekuchenessen eingeschlafen bist. Was würdest du tun?

Olli: *Ab sofort nur noch RTL gucken.*

Warum interessierst du dich sosehr für Käsekuchen?

Olli: *Weil Käsekuchen Bestandteil der ganzen Fragen war, bis jetzt. Ich interessiere mich eigentlich gar nicht dafür. Aber das gehört ja zu meinem Beruf, mich für Käsekuchen zu interessieren... ja, das ist das Kommutativgesetz.*

Wie schreibt man "pränatoralisistrysche Hygnosutrie"?

Olli: *Mit nem Kuli.*

Wie definierst du Erfolg?

Olli: *Weit einwerfen, ähh, flach spielen und hoch gewinnen.*

Wie buchstabierst du Erfolg?

Olli: *Mit nem Lexikon.*

Welchen Preis hättest du gerne?

Olli: *3,50.*

Wer sollte diesen Preis überreichen?

Olli: *Ja, hier, dieser nette Grieche, der da im Supermarkt immer auspreist. Der mit der kleinen Preispistole!*

Wer sollte diesen Preis bezahlen?

Olli: *Der Konsument.*

Welches der oben abgebildeten Fotos erinnert dich am ehesten an Leidenschaft?

Olli: *Das mit dem Sonnenuntergang.*

Und welches an Magenschleimhautentzündung?

Olli: *Das mit dem Glas Salzsäure.*

▶ *"Das Schaf war scharf. Und da habe ich mich so ein bißchen verletzt."*

Wie steht es mit deiner Geschlechtlichkeit?

Olli: *Ja, steht gut.*

Was ist dein Lieblingsbaum?

Olli: *Der Purzelbaum ist sehr schön.*

Dein Lieblingsfarbenblinder?

Olli: *Stevie Wonder.*

Dein Lieblingsessener?

Olli: *Der Schlot.*

Dein Lieblingstierfutter?

Olli: *Kaninchenfell in der Jacke.*

Dein Lieblingslidschatten?

Olli: *Klarlack find ich gut.*

Dein Lieblingswetter?

Olli: *Von Mirco Nontschew.* ◀

STEFAN JÜRGENS

Jeder, der schon einmal vor der Aufgabe stand, die Biographie eines anderen Menschen zu schreiben, wurde mit den gleichen Problemen konfrontiert: Wie kann ich diesem Menschen und seinem Schaffen gerecht werden? Und wie vermittle ich dem Leser ein wahrhaftiges Bild der Person? Manchmal ist es einfach: Biographien über Idi Amin, Mussolini, Stalin oder Lou van Burg schreiben sich praktisch von selbst. Blut, Intrigen, Krieg und Mord - fertig. Was aber erzähle ich über Stefan Jürgens, einen Menschen, dem man bis heute noch kein Verbrechen nachweisen konnte?

Stefan Jürgens (im folgenden auch "er" genannt) wurde am 26. Februar 1963 in Unna geboren und war in den Jahren danach ein wohlbehütetes und glückliches Kind. Damit stellte er sicherlich eine Ausnahme dar, denn Kind sein im Unna der Sechziger konnte mit großen Schmerzen verbunden sein, war es doch die Zeit einer bis heute ungeklärten Kleintiermordserie, bei der vier Dutzend Hamster, Kanarienvögel und Meerschweinchen einem brutalen Serienmörder zum Opfer fielen. Stefan zeigte schon früh, daß er über einen scharfen Verstand verfügte, indem er die Schuld für seine mittelmäßigen Leistungen in der Schule auf seine Lehrer schob. Trotzdem bestand er 1982 mit überraschend großem Erfolg das Abitur. Überschattet wurde dieses Ereignis nur dadurch, daß kurz zuvor fünf seiner damaligen Lehrer bei der Explosion des schuleigenen Fotokopierers tragisch ums Leben kamen. Diese frühe Konfrontation mit seiner eigenen Sterblichkeit weckte in ihm den Wunsch, sich der Welt mitzuteilen. Es war klar: Stefan wollte Schriftsteller werden. In einem Akt schwer nachvollziehbarer Inkonsequenz

Okay, ich gebs zu: Manches, was ich gemacht habe, war Scheiße.

bewarb er sich daraufhin bei der Schauspielschule in Bochum und schaffte die Aufnahmeprüfungen mit Leichtigkeit. Dabei half ihm sein natürliches Schauspieltalent und vielleicht auch, daß er der einzige überlebende Bewerber war. Der vergiftete Sauerbraten in der Kantine des Schauspielinstituts raffte alle seine Konkurrenten dahin. Nur eine plötzlich auftretende Kartoffelkloßallergie rettete Stefan das Leben. Während seiner Ausbildung überzeugte Stefan Jürgens in unzähligen Einmannstücken und wurde schnell zum Besten seines Jahrgangs. Sein Talent fiel auch dem Dramaturgen des renommierten Bochumer Schauspielhauses auf, der den jungen Schauspieler sofort engagieren wollte. Aber zu seinem Bedauern war im Moment kein Platz für Stefan frei. Das Glück kam ihm zu Hilfe, als wenig später die Überreste eines Bochumer Schauspielers aus einem Baggersee bei Dortmund gezogen wurden. Stefan zögerte nicht lange und unterzeichnete seinen ersten Schauspielvertrag noch während des Leichenschmauses. Es gab Lachsschnittchen.

Die Freude über seinen ersten Job währte nicht lange. Stefan mußte feststellen, daß in seinem Vertrag einige Fallstricke verborgen waren und er weniger verdiente als die Tochter der Garderobenfrau. So ist es nicht verwunderlich, daß er sich nicht am Wiederaufbau des nach einem Brand völlig zerstörten Theaters beteiligte und anderswo neue Herausforderungen suchte. Durch die steigende Schauspielersterberate in Deutschland fand Stefan Jürgens immer wieder Arbeit, bis er 1987 ein festes Engagement am Bremer Theater am Goetheplatz bekam. Hier spielte er fast zwei Jahre ohne einen einzigen Todesfall in seiner Umgebung. Die Wende kam im August 1989, als er eine platonische Geschäftsbeziehung mit einem Schauspielkollegen

begann. Nickolas Haven war ein ebenso erfolgloser wie charismatischer Künstler, der sich mit ausgefallenen Performances über Wasser hielt. Stefan und er lernten sich auf einer Flugschau in Ramstein kennen und waren von nun an unzertrennlich. Nickolas Haven brachte ihn dazu, mit ihm nach Berlin zu gehen, wo Stefan eine Rolle am Theater des Westens ergattern konnte. Die Freundschaft endete erst im November, mit dem Fall der Mauer, als Haven die Schauspielerei aufgab und eine Zementbaulehre begann. Er wurde nicht damit fertig, daß plötzlich so viele Menschen aus der Ex-DDR, nach Kultur dürstend, seine Stücke sehen wollten. Die erfolglose Schauspielerei war nicht mehr dieselbe. Ein harter Schlag auch für Stefan Jürgens. Voller Wut verließ er Berlin an einem Dienstag. Keinen Tag zu früh, wie sich herausstellte, denn am Mittwoch explodierte eine Autobombe in dem Wagen, den Stefan vor seinem Haus vergessen hatte. Das dadurch entstandene Feuer breitete sich schnell aus, und ein von der Öffentlichkeit wenig beachteter Großbrand vernichtete ganz Kreuzberg und die umliegenden Stadtteile. Enttäuscht von der gnadenlosen Welt des Theaters,

Da bin ich auf der Schlammrutsche in Woodstock (in Gedanken).

drehte auch Stefan, nach drei Jahren am Kölner Schauspiel, der Bühne den Rücken zu und suchte sich neue Aufgaben bei Film und Fernsehen. Endlich war er wieder ganz der Alte.
Er kämpfte um die Rolle eines Fußball-Hooligans in dem Film "Nordkurve". Der Regisseur Adolf Winkelmann lud ihn zu einem Vorsprechen ein. Direkt nach diesem ersten Gespräch sagte Winkelmann über Stefan Jürgens: "Keiner kann mit einem Messer, einer Zigarre und einem Baseballschläger so überzeugend umgehen wie er. Ich mußte ihm diese Rolle einfach geben. Entschuldigen Sie mich, ich muß jetzt dringend in die Notaufnahme, sonst verliere ich noch mehr Blut." Stefans herausragende Leistung in "Nordkurve" verschaffte ihm weitere Rollen, und schließlich führte ihn sein Weg zu "Samstag Nacht", wo er oft die Rolle des harten, brutalen Machos spielen muß, die ihm eigentlich nicht so recht liegt.
Die Geschichte von Stefan Jürgens ist hoffentlich noch nicht zu Ende. Er hat sich seinen Weg durch harte Arbeit und Talent erkämpft, er ist angesehen und ein willkommener Gast auf den meisten Tupperware-Partys. Um so schmerzlicher ist es, daß zur Zeit immer öfter Neider in seiner Vergangenheit graben und versuchen, ihm etwas anzuhängen.
Während diese Biographie geschrieben wird, strebt die Staatsanwaltschaft ein Ermittlungsverfahren gegen ihn an wegen des Verdachts auf achtundvierzigfachen Kleintiermord.

Was magst du bei Interviews am wenigsten?
  Stefan: *Die blöden Fragen!*
Was am liebsten?
  Stefan: *Die Pausen zwischen den Fragen.*
Was ist das lustigste Theaterstück, das du kennst?
  Stefan: *"Sein oder nicht Sein..."*
Was ist am Theater so lustig?
  Stefan: *Die leeren Plätze.*
Was würdest du einem jungen aufstrebenden Schauspieler raten, der ins Gastronomiegeschäft einsteigen will?

  Stefan: *Du hast den richtigen Weg genommen! Und bring die drei Bier schnell weg, da ist ja kaum noch Schaum drauf.*

Stefan, du kommst aus einer großen Künstlerfamilie. Udo Jürgens..., Andrea Jürgens..., Curd Jürgens... Wie lebt es sich im Schatten solch übermächtiger Vorfahren?

Stefan: *Ich glaube, die kommen mit MEINEM Schatten ganz gut klar...*
Was sagt dein Vater Udo dazu?
Stefan: *Der sagt gar nichts... der singt nur!*
Wie ist das, mit einem singenden Vater zu leben?
Stefan: *Nun ja...., besser als wenn er sprechen würde!*
Thema Todesstrafe. Warum bist du dafür?
Stefan: *Ich bin überhaupt nicht dafür, und wenn das jemand behauptet, wird er erschossen.*
Was war dein bescheuertster Traum?
Stefan: *Das war so: Ich saß als fünfspitziger Dreizack verkleidet auf einem riesigen Kürbis. Vor mir standen 2387 Leguane in maßgeschneiderten Anzügen und haben mich mit dicken Bohnen beworfen.*
Was würdest du gerne träumen?
Stefan: *Ich würde gerne traumfrei schlafen.*
Du glaubst also nicht an die Heilkraft der Träume?
Stefan: *Ich glaube nur an die Heilkraft des Geldes.*
Angenommen du brichst dir ein Bein. Würdest du trotzdem weiter RTL gucken oder lieber Käsekuchen?
Stefan: *Das hat mit den Beinen wenig zu tun... - auf jeden Fall eher Käsekuchen.*
Was ist das Besondere an Käsekuchen?
Stefan: *Wenn er ein bißchen älter wird entwickelt Käsekuchen gewisse schimmelige Farben, die aussehen wie das Logo von RTL.*
Wem würdest du gerne einen Käsekuchen auf den Po tätowieren?
Stefan: *Meinem Vermieter.*
Stell dir vor, du wirst wach und stellst fest, daß du beim Käsekuchenessen eingeschlafen bist. Was würdest du tun?
Stefan: *Hoffen, daß ich weiterschlafe.*
Gibt es ein Lied, das du auch mit Käsekuchen im Mund singen kannst?
Stefan: *Alle, die Udo Jürgens gesungen hat.*
Wie schreibt man "pränatoralisistrysche Hygnosutrie?"
Stefan: *Wie man denkt!*
Wie definierst du Erfolg?
Stefan: *Kann ich nicht!*
Wie schreibst du Erfolg?
Stefan: *Hinten mit X...*
Angenommen, du bist bei einem Autounfall ums Leben gekommen. Nee, stellen wir die Frage anders, nicht ganz so hart: Angenommen, du bist gehbehindert, blind, taub und stumm. Worüber könntest du noch lachen?
Stefan: *Über Stevie Wonder.*
Welchen Preis hättest du gerne?
Stefan: *Den Sonderpreis.*
Wer sollte ihn überreichen?
Stefan: *Harry Wijnvoord.*
Und wer sollte ihn bezahlen?
Stefan: *Harry Wijnvoord.*
Welches der oben abgebildeten Fotos erinnert dich am ehesten an Leidenschaft?
Stefan: *Das mit der Brille.*
Und welches an Magenschleimhautentzündung?
Stefan: *Das andere.*
Wie steht es mit deiner Geschlechtlichkeit?
Stefan: *Meine Frau sagt, ich sei heterosexuell.*
Reizthema Telefonsex: Angenommen ich wäre eine Frau. Wie würdest du mich hier und jetzt auf Touren bringen?
Stefan: *Geh nach Hause zu deinem Lover!*
Wenn du zwanzig Jahre älter wärst, hättest du doch bestimmt im Vietnamkrieg gekämpft. Wie war das denn damals? Ich meine, dein bester Freund von einer Landmine zerfetzt... du alleine in

▶ *"Ich saß als fünfspitziger Dreizack*
▶ *verkleidet auf einem riesigen Kürbis."*

dieser Dschungelbar, weit und breit kein Klavier... Erzähl doch mal...!
Stefan: *Na ja... ich war der einzige Junge da... das war natürlich nicht schlecht!*
Was ist für dich das allerlustigste Wort von der Welt oder sogar von ganz Deutschland?
Stefan: *Papst.*
Dein Lieblingsfarbenblinder?
Stefan: *Meine Mutter.*
Dein Lieblingsessener?
Stefan: *Manfred Buske.*
Dein Lieblingsblumentopf?
Stefan: *Meine Omma...*
Dein Lieblingswetter?
Stefan: *Mirco.* ◀

TANJA SCHUMANN

Es war grauenhaft. Die Welt brauchte ein neues Musical, aber im Moment sah es so aus, als sollte sie es nicht bekommen. Ich, Jim Lloyd-Webber, der ich zeit meines Lebens im Schatten meines großen Bruders dahinvegetierte, saß in meiner 35 qm großen 4 1/2-Zimmer-Wohnung und brütete jetzt schon seit 15 Jahren an einem neuen Musical. Wie immer, wenn mir so lange nichts eingefallen war, steckte ich eine Zehn-Kilo-Hantel in eine Socke, die ich schon mindestens drei Wochen anhatte, und schlug mich damit selbst in gleichmäßigen Abständen gegen die Stirn. Plötzlich kam mir die Erleuchtung. Es würde eine Mischung aus Schweiß und Kraft werden. Ein Musical über eine Tänzerin. Eine bahnbrechende Idee. Das Musical würde in einer sehr schweren Zeit spielen, dem ausklingenden 20. Jahrhundert. Eine Zeit, in der Schuhmacher Karriere als Rennfahrer machen und Bäcker als Tennisspieler. Eine Zeit, in der Lüneburg noch stolz auf seine Heide war. Das würde auch der Name des Mädchens sein: Heide. Ach, Heide ist doch zu blöd. Heide erinnert mich irgendwie immer an Berge, Ziegen und einen gewissen Peter. Nein, das Mädchen sollte Tanja heißen, wie meine Schwester, aber sie würde in Lüneburg geboren sein. Ihr Geburtstag sollte der 3.7.1962 sein, dargestellt und musikalisch untermalt vom Chor der Uhrmachervereinigung Lüneburg. Ein toller Tag, denn die Sonne schien. Schnell würde das Mädchen heranwachsen. Nein, natürlich genauso schnell wie andere Mädchen auch, ich würde es im Musical nur ein wenig kürzer erscheinen lassen, weil ja sonst das Musical viel zu lange dauern würde. Dramaturgisch wäre es natürlich auch viel besser, ein bißchen Zeit einzusparen. Tanja würde

Das bin ich in einem früheren Leben. Damals spielte ich die Hauptrolle in "Das Sieb von Bagdad".

als erstes Ballett lernen. Man würde in einer Szene sehen, wie die sechsjährige Tanja in der Ballettschule der Hamburgischen Staatsoper Ballettunterricht bekommt, immer besser und dabei zu einer vierzehnjährigen Teenagerin wird. Natürlich sollte Tanja auch klug werden, also müßte eine Szene in der Schule her. Ja, sie machte Abitur in den Fächern Biologie, Erdkunde, Musik und Sport. Im Fach Sport würde sie natürlich Jazz-Tanz wählen.
Die ganzen Schüler der Schule stiegen mit ein und begeisterten die Eltern durch eine einzigartige Choreographie, während die Lehrer alle steppten.
Dann sollte es Tanja an die Uni verschlagen. Sie würde ein Diplom-Sportstudium beginnen... nein, das wäre eine Sackgasse. Tanja ist für die Bühne geboren. Ich bräuchte wieder wechselnde Szenen, in denen Tanja Unterricht bekommt, diesmal im Hamburger Studio Ullmann. Erneut Ballett, aber auch Modern Dance und Steptanz. Außerdem müßte sie noch singen lernen und schauspielern. Die Ausbildung wäre hart, und Tanja müßte an sich selbst zweifeln, aber, wie auch in Flashdance, bliebe sie am Ball, und das zahlte sich auch aus. Nachdem sie 22 Jahre lang gelernt hätte, bekäme sie ein tolles erstes Engagement. Es sollte natürlich ein Musical sein, am Hamburger Schauspielhaus. Das würde die schönste Tanzszene überhaupt. Das Musical sollte "Große Freiheit Nr.7" heißen. An Tanjas Seite würde ein gewisser Freddy Quinn einen Rudi Carrell aus Holland spielen, der wegen seines Akzentes den Titel des Musicals gar nicht richtig aussprechen könnte. Deshalb würde er immer fluchend über die Bühne laufen und "Verflixte 7" rufen. Alle anderen würden derweil tanzen und singen. Aber Tanja sollte noch mehr leisten. ▶

Mein erstes Zäpfchen.

Sie würde in einer Musicalproduktion auf Deutschlandtournee gehen. Da nehme ich einfach ein paar Musikstücke aus der "West-Side-Story" von Leonard Bernstein. Das kommt immer gut an. Dann kommt auch schon wieder der nächste Höhepunkt. Man muß sehen, daß Tanja immer begehrter wird.

Sie würde bei vielen Produktionen und Tanzgalas mitmachen und ständig weiterlernen, am besten in New York. Es müßte also eine Szene her, bei der Tanja sich durch viele Stücke tanzt und singt. Gipfeln sollte dann alles in einer Fernsehshow. Ich habs, die Sendung heißt "Willkommen im Club", die sollte dieser Harald Juhnke moderieren, und Tanja würde dort in der ersten Reihe tanzen. Ja, das wäre es: Tanja müßte dann ins Fernsehen. Am besten samstags und das jede Woche. Natürlich, und da tanzt sie, und sie singt und sie ist lustig, und die Leute freuen sich und lachen. Und wenn sie tanzt und singt, dann tanzen und singen alle mit, nicht nur auf der Bühne, nein, auch die Zuschauer im Studio und die Zuschauer vor den Fernsehern und auch alle Leute auf der Straße, auch der Bundeskanzler und seine Frau, einfach alle. Und alle sind glücklich. Ein tolles Schlußbild, das ganze Land tanzt. Jetzt brauche ich nur noch einen Titel. Hm... "Der 3. Juli ist Tanja-Schumann-Tag", ja, das ist es. Hoffentlich kauft mir jemand diese Story ab. Grauenhaft. Die Welt bräuchte ein neues Musical, aber im Moment...

Meine Brüder waren schon früher beim Fernsehen als ich - als Schwarzweiß-Testbilder!

INTERVIEW

Was magst denn du bei Interviews am wenigsten?

Tanja: *Fußnägel schneiden.*

Und was am liebsten?

Tanja: *Wenn es zu Ende ist ... den Hörer auflegen.*

Was ist dein Lieblingswitz?

Tanja: *Der ist aber ziemlich lang... Also, da ist ein Frosch..., der stirbt ... steht also bei Petrus vor der Tür, klopft an. Petrus kommt raus, fragt: Was willst du denn? Frosch: Ich will in den Himmel. Petrus: Warst du denn auch immer brav? Frosch: Sicher war ich brav! Petrus: Was hast du denn so gemacht den ganzen Tag, Frosch? Da sagt der Frosch: Och, immer rein ins Tümpelchen, raus aus dem Tümpelchen, rein ins Tümpelchen... Petrus: Alles klar, du darfst rein. Am nächsten Tag klopft es wieder an der Tür... Petrus kommt raus: Schon wieder steht ein kleiner Frosch vor der Tür und sagt: Ich möchte in den Himmel! Petrus: Warst du denn auch immer brav? Frosch: Ja, ich war immer brav. Petrus: Und was hast du immer so gemacht? Rein ins Tümpelchen, raus aus dem Tümpelchen, rein ins Tümpelchen...? Sagt der Frosch: Nein, ich bin Tümpelchen.*

Gibt es irgend jemanden, der dir diesen Witz immer wieder im Bett erzählen sollte?

Tanja: *Nööö... ich kenn ihn ja jetzt.*

Du hast ja auch schon den einen oder anderen Pornofilm synchronisiert. Wie synchronisiert man eigentlich einen Pornofilm, ohne sich dabei tot zu lachen?

Tanja: *Indem man die Szenen so oft spricht, bis man vor lauter Hyperventilation nur noch nach Luft schnappt.*

Mit welchem Bein tanzt du am liebsten?

Tanja: *Mit dem rechten.*

Und welches von beiden ist das lustigere?

Tanja: *Das linke.*

Stell dir vor, du würdest ein Bein verlieren..., wer sollte es gewinnen?

Tanja: *Mein Freund.*

Wie bringst du deine Beine dazu, im richtigen Moment den richtigen Schritt zu machen, so daß es auch noch auf die Musik, die man jetzt leider nicht hört, paßt?

Tanja: *Ich zähle. Wenn ich zum dritten Mal beim linken großen Zeh angelangt bin, ist das meistens die 1-2-cha-cha-cha!*

Was macht denn dein linkes Bein, wenn dein rechtes Bein eingeschlafen ist?

Tanja: *Es hüpft im Kreis.*

Wohin geht dein linkes Bein, wenn dein rechtes Bein nach rechts geht?

Tanja: *Meistens hinterher...*

Was bedeuten dir deine Beine?

Tanja: *Viel. Sehr, sehr viel. Alles nicht..., aber fast alles! Also, schon ne Menge*

Und was bedeuten dir deine Arme?

Tanja: *Genausoviel.*

Ist für dich ein armer armenischer Armeeangehöriger mit einem Bein so arm dran, daß du ihm ne Mark geben würdest oder eine Zigarette oder ein Beinkleid oder ein handgehäkeltes Tischtuch oder ein Pfund Rinderhack oder lieber einen Wagenheber?

Tanja: *Das ist aber ne arme Frage. Ich gebe immer alles.*

Was ist erotischer: Bei Aerobic zugucken oder Aerobic machen?

Tanja: *Mmmmm... das kommt ganz auf den Aerobic-Part an!*

Was ist erotischer: Aerobic-Kleidung anziehen, ausziehen, tragen, waschen oder 4 Wochen lang tragen, ohne zu waschen? Wenn ja, warum?

Tanja: *Tragen..., weil es am besten aussieht.*

Was ist für dich das allerlustigste Wort von der ganzen Welt oder von ganz Deutschland?

Tanja: *Schneidebrett!*

Wie definierst du Erfolg?

Tanja: *Wenn man sich klasse fühlt und die Leute einem sagen, daß man klasse ist, dann hat man Erfolg.*

Wie buchstabierst du Erfolg?

Tanja: *K-L-A-S-S-E.*

Angenommen, du bist bei einem Autounfall ums Leben gekommen.

Tanja (entsetzt und erschrocken): *Oh...*

Nee, stellen wir die Frage anders, vielleicht nicht ganz so hart: Angenommen du bist gehbehindert, blind, taub und stumm. Worüber könntest du noch lachen?

Tanja: *Über meine innere Stimme.*

Welches der oben abgebildeten Fotos erinnert dich am ehesten an Leidenschaft?

Tanja: *Das ganz linke, weil man deutlich sieht, wie es an Leidenschaft erinnert.*

Und welches an Magenschleimhautentzündung?

Tanja: *Ganz rechts das Foto: Ist da nicht ein Arzt drauf?*

Und wie steht es mit deiner Geschlechtlichkeit?

Tanja: *Hääääää....???*

Wie geschlechtlich fühlst du dich?

Tanja: *Ganz schön Mega...*

Reizthema Telefonsex. Wie würdest du mich jetzt und hier auf Touren bringen?

Tanja: *Ja... da gibt es ein paar nette Sachen, die man sich erzählen kann... ich würde dann anfangen mit Rotkäppchen... im Wald... und so...*

Also... Rotkäppchen... und der Mann, der alleine im Wald steht...

Tanja: *Ja, genau.*

Dein Lieblingsfarbenblinder?

Tanja: *Mein Lieblingsfarbenblinder...? Das ist der Baum.*

Dein Lieblingsessener?

Tanja: *Mein Lieblingsessener ist mein Freund.*

Dein Lieblingswetter?

Tanja: *Sonne...* ◀

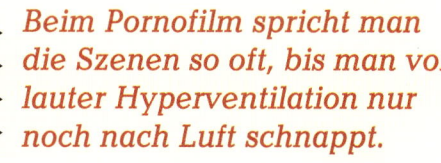

▶ *Beim Pornofilm spricht man*
▶ *die Szenen so oft, bis man vor*
▶ *lauter Hyperventilation nur*
▶ *noch nach Luft schnappt.*

Wir sind die Doofen!

Es gibt immer noch Leute, die Samstag Nacht doof finden. Das Gute daran: Samstag Nacht ist doof. Es ist sogar die Geburtsstätte der "Doofen". Keiner wird den Tag je vergessen, an dem Wigald zum ersten Mal in die Spülbürste sang und Olli zum ersten großen Schlag gegen seine Gitarre ausholte. Aber das ist mittlerweile Legende. Hier soll etwas anderes verraten werden. Das Rezept der Doofen nämlich. Was macht einen Doofen eigentlich erfolgreich? - Klar, seine Doofheit. Aber woran erkennt man einen Doofen? - Natürlich an den Dingen, die er bei sich hat bzw. niemals anrühren würde. Damit auch Ihr so richtig doof werdet, haben wir diese Dinge in der doofsten Liste aller Zeiten zusammengestellt. Und hier sind sie:

Die 30 Dinge, die ein Doofer unbedingt braucht:

1. Ein Sack Frühkartoffeln, falls man mal Feld
2. Eine japanische Sonnenuhr mit Zahlen, die nachts leuchten
3. Einen papierfarbenen Eierbecher aus dem 8. Jahrhundert, mit Löchern in der Mitte, um Eigelb und Eischale zu trennen
4. Eine Taschenlampe mit Solarzellen
5. Einen Fön für die Haare, falls die Perücke mal kaputt ist
6. Eine Spülbürste für zu Hause, um neue Songideen zu Hause einzusingen
7. Eine Spülbürste für unterwegs (im praktischen Trageset), um neue Songideen unterwegs einzusingen
8. Eine Spülbürste mit langem Kabel, falls man beim Singen mal aufs Klo muß
9. Eine Spülbürste mit kurzem Kabel, weil kurze Kabel billiger sind als lange (auch hier gilt das Gesetz von Angebot und Nachfrage)
10. Eine Funk-Spülbürste, falls man mal einen Funk-Song singen und sich dabei nicht von anderen reinreden lassen will
11. Eine Spülmaschine, um die neuen Songideen aufzunehmen
12. Eine Packung Vileda-Wischlappen, falls mal gerade keine Spülbürste zur Hand ist.
13. Ein leeres Fußballbildersammelalbum, weil man dann immer alle Zahlen von 1-500 zum Nachschlagen parat hat
14. Einen Sack mit Kuscheltieren, um bei Konzerten zurückzuwerfen
15. Sein Lieblings-Magnum von Langnese zum Kuscheln
16. Eine gelbe Drei-Sitzer-Couch mit Springfederkernsitzfläche und violetten Bommeln am Rand, falls Besuch kommt
17. Eine Wendeltreppe für rauf
18. Eine Wendeltreppe für Helga
19. Eine Wendeltreppe zum Putzen
20. Einen Strauß Rhabarber von Günters Rhabarberversandhandel (das Kilo zu 1,98)
21. Eine Leine, für den kleinen Hummer zwischendurch
22. Ein Knoppers, damit man weiß, wann es halb zehn Uhr in Deutschland ist
23. Eine Schleife, eine Unterschrift und fünf Mark, falls man mal im Büro Geburtstag hat
24. Ein Kondom für zu Hause
25. Ein Kondom für unterwegs
26. Ein Kondom zum Anziehen
27. Ein Kondom zum Wechseln, falls das andere alle ist.
28. Ein Buch über Archäologie, falls man mal nach der Ur-Zeit gefragt wird
29. Eine Leuchtstoffröhre
30. Und ein Flucktirasarostel (oder wie das heißt)

Und hier sind die drei Dinge, die ein Doofer niemals anrühren würde:

1. Messer
2. Gabel
3. Schere
4. Licht

Und einen Taschenrechner!!

Und hier präsentieren wir live und exklusiv ein neues Werk aus der beliebten, aber nie gesendeten Reihe

"Lebenshilfe heute, morgen und samstagnachts"!

Sehen Sie **Esther Schweins**, **Andreas Elsholz** *und, erstmalig in ihrer Rolle als Überraschungsgast, der plötzlich zur Tür hereinkommt, was wir vorher aber nicht wissen,* **Erika Berger**.

Frauen wo

Esther: *So, komm rein, Andy, hier wohne ich.*

Andreas: *Du, ich ... äh ... geh vielleicht lieber, ich möchte nicht, daß du denkst ... ich mein, wir haben uns doch vorhin erst kennenge...*

Esther: *Ach, Quatsch!*

Andreas: *Weißt du, ich bin kein Junge für den ersten Abend...*

Esther: *Setz dich...*

Andreas: *Aber meine Mutter wartet...*

Esther: *Setz dich...*

Andreas: *Und ich muß früh raus...*

Esther (scharf und laut): *Sitz!*

Er setzt sich erschrocken. Sie geht zu den Flaschen, zieht ihre Jacke langsam aus, dreht ihm den Rücken zu, gießt zwei Gläser ein, legt Servietten aufs Tablett.

Andreas (derweil zu sich): *O mein Gott, die wills wissen. Hoffentlich blamiere ich mich nicht wieder.*

Bei: "...blamieren" springt mit einem sphärischen "Plinnnng!" die Haustür auf; Erika Berger tritt, von einem gleißenden Licht umgeben, herein; sie trägt ein weißes Gewand, Nebel umwallt sie; Andreas fährt erschrocken herum; Erika legt den Finger auf die Lippen. Er schaut unsicher zu Esther, die immer noch Drinks einschüttet.

len Komplimente

Erika: *PSSST! Ich bin deine Fee, nur du kannst mich sehen.*

Esther kommt mit einem Tablett, darauf zwei Drinks; setzt sich aufreizend neben Andreas; blickt ihn erwartungsvoll an. Peinliche Pause. Andreas blickt nervös und fragend zu Erika. Er formuliert stumm: Was soll ich tun?

Erika: *Mach ihr ein Kompliment. Frauen wollen Komplimente hören.*

Andreas: *Äh, weißt du eigentlich ... äh...*

Esther: *Ja???*

Er blickt hilfesuchend zu Erika.

Erika (zeigt auf ihr eigenes Gesicht): *Ihre Haut.*

Andreas (erst zögernd): *Weißt du, daß du... äääh,* (fröhlich) *eine tolle Haut hast... Und wie gut du die Pickel abgedeckt hast...*

Esther blickt enttäuscht weg; Andreas schaut erwartungsvoll zu Erika.

Erika: *Lob ihre Intelligenz.*

Andreas: *Du, Esther, du, ääh, ich hab eigentlich noch nie soooo...*

Blickt sich suchend um, entdeckt Servietten auf dem Tablett; nimmt eine;

so ... intelligent zusammengelegte Servietten gesehen.

Esther dreht sich enttäuscht zur Seite; Erika wendet sich entsetzt ab, schlägt die Hände über dem Kopf zusammen.

Erika: *Das kann doch wohl nicht wahr sein. Kom-pli-men-te sollst du machen, du gottverdammter Hirni, du...*

Sie geht zu Andreas, prügelt auf ihn ein; er rutscht immer mehr zu Esther hin, bis er auf ihrem Schoß sitzt. Esther schaut ihn sehnsüchtig an.

Esther: *Na endlich.*

Esther umarmt ihn und knutscht ihn ab; zieht ihn vom Sofa hoch; er will nicht, wird von Esther aber gegen seinen Willen in Richtung Schlafzimmertür geschleppt. Andreas dreht sich hilfesuchend zu Erika um.

Andreas: *Nicht ins Schlafzimmer... Meine Mami wartet... ich muß früh raus...*

Erika holt einen Revolver hervor und lädt durch; Andreas läuft schreiend ins Schlafzimmer; Erika blickt ihm kopfschüttelnd nach; Esther bleibt an der Tür stehen; haucht ins Schlafzimmer...

Esther: *Andy, du Wilder... Fang doch schon mal an, ich komme gleich.*

Sie dreht sich dann glücklich zu Erika um, nimmt aus ihrer Handtasche 500 Mark, will sie Erika geben.

Esther: *Seit Sie nebenan wohnen, klappt das prima mit den Jungs. Morgen dann wieder um dieselbe Zeit?*

Erika (lehnt das Geld ab, während sie die Wohnung verläßt)**:** *Ach lassen Sie mal gut sein. Ich helf immer wieder gern. Und viel Spaß noch...*

NEWS

+++ RTL Samstag Nacht +++
+++ Die Nachrichten. +++

+++ Mit Esther Schweins und Stefan Jürgens. ++
+++ Schönen guten Abend! +++

+++++ Neue Vorschläge zur Kürzung der Wochenarbeitszeit. Die durch die 4-Tage-Woche entstehenden Verluste von Arbeitsstunden sollen durch eine Neuordnung der Wochentage aufgefangen werden. Bundeskanzler Helmut Kohl beschloß einstimmig, einmal im Monat das Wochenende an den Wochenanfang zu verlegen. Danach ist erst am kommenden Montag Samstag und am Dienstag Sonntag. Somit wäre automatisch der Montag auf Samstag und der Dienstag auf Sonntag verlegt. Der Mittwoch der darauffolgenden Woche bleibt frei. Die Änderung soll am Samstag in Kraft treten - also am Montag. +++++

+++++ Morgen wäre Erntedankfest, übermorgen der "Tag der deutschen Einheit". Um die Pflegeversicherung zu finanzieren, hat Arbeitsminister Norbert Blüm jedoch erreicht, daß die beiden Feiertage zusammengelegt werden. Ab morgen feiern wir an jedem 2. Oktober das "Einheitsfest zum Danktag der deutschen Ernte-Pflege". +++++

+++++ Angela Merkel, CDU, ist neue Umweltministerin. Vor Schreck sind schon zahlreiche Flüsse und Seen umgekippt. +++++

+++++ Eine Gitarre der Rocklegende Elvis Presley verschwand bei einer Ausstellung in Madrid. Heute tauchte die Gitarre in Lissabon wieder auf. Es war eine Wandergitarre. +++++

+++++ Kaum ist die Jagdsaison eröffnet, ereignet sich schon die erste Tragödie: Jäger sah aus wie Wildschwein! Selbstmord! +++++

NEWS

MIT ORGASMUS-GARANTIE

+ + + + + Die Münchner Abendzeitung meldet: In München ist die Mark nur noch 87 Pfennig wert. Sie heißt dort auch nicht mehr "Mark", sondern seit neuestem "87 Pfennig". + + + + +

+ + + + + Bonn/Berlin. Deutschland wird wieder ein souveräner Staat. Der letzte russische Soldat hat unser Land verlassen. Auch Amerikaner, Engländer und Franzosen wurden mit einem großen Zapfenstreich aus Berlin verabschiedet. Nun wurde auch mit der letzten Besatzungsmacht vertraglich vereinbart, daß sie Deutschland verläßt. Nach fast zweitausendjähriger Okkupation soll der Abzug der katholischen Kirche bis Ende des Jahres abgeschlossen sein. + + + + +

+ + + + + Die Reaktorkatastrophe hat die Lebenserwartung der Ukrainer um zwei Jahre verringert. Menschen, die also 1990 dort noch 71 Jahre alt geworden sind, werden in diesem Jahr, also fünf Jahre später, statt 76 erst 74 Jahre alt. Das heißt, daß sie von fünf Jahren nur drei Jahre gelebt haben. Bei uns ist die Entwicklung noch dramatischer. Hier leben 71% aller Fünfjährigen nur ein Jahr länger als die Vierjährigen. + + + + +

+ + + + + Der Papst hat seine neue Moralenzyklika vorgelegt. Da es in diesem Buch ausschließlich um Abtreibung, Verhütung und Sex geht, wurde es von der katholischen Kirche verboten. + + + + +

+ + + + + Weil ein Pilot nicht richtig hörte, mußten drei Menschen sterben. Ein Sprecher der Flugaufsicht zu RTL Samstag Nacht: "Eine Katastrophe! Ich hatte laut und deutlich gesagt: ZWEI Tote!" + + + + +

+ + + + + Ingvar Kamprad, Führer des schwedischen Möbelhauses IKEA, soll früher an rechtsextremen Versammlungen teilgenommen haben. Der Konzern reagierte sofort. Aus dem Programm genommen wurden das Regal Göring und die Hängelampe Adolf. + + + + +

+ + + + + In Castrop-Rauxel wurde das erste Bordell für Frauen eröffnet. Einem Bericht des "Prinz" zufolge bekommen die Damen dort das, was sie zu Hause niemals bekommen: gut gebaute, gewaschene und gekämmte Liebespartner mit Orgasmusgarantie. Wir haben den Club besucht. + + + + +

Eine Hausfrau (Tanja) läuft durch einen Flur mit vielen Türen. Dort wird sie von Männern angemacht.

Olli: Na, schöne Frau ... einmal waschen und legen?

Wigald: Schnucki ... komm mal her! Willste mal mit reinkommen?

Mirco versucht, sie durch eine eindeutige Handbewegung in sein Zimmer zu locken. Tanja geht jedoch zielstrebig an allen vorbei auf die letzte Tür zu. Sie geht hinein. Stefan sitzt nach getaner Arbeit im Bett und kassiert Geld von einer Kundin (Esther).

Tanja: Hallo....

Stefan: Wat is denn?

Tanja: Ich weiß, du hast viel zu tun..., aber den hast du zu Hause vergessen...

Sie wirft einen Slip aufs Bett.

Tanja: Und ich wollte dich bitten, noch einige Überraschungseier für die Kinder mitzubringen... und Milch, ich möchte nämlich noch backen. Und arbeite nicht so viel...

Sie küßt ihn zum Abschied.

Tanja: ...und bring dir nicht wieder Arbeit mit nach Hause!

+ + + + + Der immer noch fleißige 70jährige Erfolgsautor Mario Simmel stellte seinen neuen Roman vor. Die Fortsetzung von: "Es muß nicht immer Kaviar sein" heißt: "Doch!" + + + + +

+ + + + + Bad Kleinen. Der Ruf der GSG 9 ist gerettet. Wie jetzt festgestellt wurde, hat der mutmaßliche RAF-Terrorist Wolfgang Grams doch Selbstmord begangen. Zu diesem Ergebnis kommt jedenfalls die Untersuchungskommission der Stadtpolizei Zürich. Die Schweizer Experten gelten als international renommiert, seit sie 1963 den Selbstmord von John F. Kennedy nachweisen konnten. + + + + +

+ + + + + Männern ist die Größe ihres Geschlechtsteiles wichtiger als ihre Körpergröße. 62 % wären lieber nur 1,58 groß und hätten dafür aber einen 18 cm großen Penis, statt 1,88 mit 8 Zentimetern. Nur der Popstar Prince wäre gerne so groß wie sein Pimmel. + + + + +

+ + + + + Anläßlich des Welt-Lepratags treffen sich wieder zahlreiche Teile von Leprakranken zum Meinungsaustausch. Voller Spannung wird die Präsentation der ersten Leprawurst erwartet. Die Leprawurst hat drei Vorteile: Sie ist billig, sie kostet nichts und sie ist ein echtes Abfallprodukt. Einziger Nachteil: Sie hat drei Nachteile. Sie fällt immer vom Brot und schmeckt nicht. Außerdem ist sie ein beschissener Hürdenläufer. + + + + +

+ + + + + In Berlin fand eine Demonstration gegen die geplanten Mieterhöhungen im Osten statt. Bundesbauminister Töpfer dazu: "Diese Demo war eine gute Sache, da konnten die Leute sich schon mal daran gewöhnen, auf der Straße zu stehen." + + + +

+ + + + + Holland atmet auf: Prinz Bernhard wird schon in drei Wochen aus der Klinik entlassen. Die BILD-Zeitung meldet: "Krebs wegoperiert." Prinz Bernhard ist jetzt Steinbock. + + + + +

+ + + + + Hervorragende Einschaltquoten erreichte Sat 1 mit dem Vierteiler "Scarlett". Jetzt will der Sender an diesen Erfolg anknüpfen und läßt darum Margarethe Schreinemakers vierteilen. + + + + +

+ + + + + Und noch etwas Erfreuliches übers ZDF: ZDF-Intendant Professor Dieter Stolte wurde diese Woche 60. Sein Wunsch für die Zukunft: "Ich möchte nur gesund bleiben und so alt werden wie die ZDF-Zuschauer!" + + + + +

+ + + + + Ein Serienselbstmörder versetzt Koblenz in Angst und Schrecken. + + + + +

WIGALDS UMFRAGE:
FERNSEHEN

Vor sechzig Jahren begann in Deutschland das Fernsehzeitalter. An diese Pionierzeit, als es nur wenige Fernsehgeräte gab, erinnern heute nur noch die Zuschauerzahlen von VOX.

Ansonsten hat sich einiges getan. Der Flimmerkasten ist aus dem Leben kaum noch wegzudenken.

Wigald: Das Bundesinstitut für fernsehforschende Fernsehforschung hat ermittelt, daß der Deutsche im Durchschnitt pro Woche siebenhundertsechsunddreißig Stunden fernsieht. Ist das nicht viel zuviel?

Passant 1: In der Woche wieviel? Siebenhundert?

Wigald: Im Schnitt.

Passant 1: Ja, das ist ein bißchen zuviel.

Wigald: Wieviel schauen Sie pro Woche?

Passant 1: Ja, sagen wir mal so fünfzig bis hundert Stunden. Mehr nicht.

Wigald: Das Bundesinstitut für fernsehforschende Fernsehforschung hat ermittelt, daß der Deutsche im Durchschnitt pro Woche siebenhundertsechsunddreißig Stunden fernsieht. Ist das nicht viel zuviel?

Passant 2: Würde ich nicht sagen. Ist nicht viel.

Nöhh.

Wigald: Gucken Sie auch schon mal achthundert...

Passant 2: Kann was mehr werden.

Wigald: Der Bundeskanzler hat darauf hingewiesen, daß der ständige Fernsehkonsum zu Verformungen an den Augen führt. Haben Sie bei sich da schon etwas feststellen können? Quadrataugen?

Passant 2: Ja, ich sehe immer nur so schwarze Flecken an der rechten Seite. Sonst nichts.

Wigald: Wie viele Fernseher haben Sie? Fünf, sechs...?

Passant 2: Nee, schon etwas mehr. Über zwanzig. Wir haben eine Satellitenschüssel.

Wigald: Nun gibt es ja viele Menschen, die keinen Beruf haben, keinen Fernseher und keine Haare. Macht einen das nicht stutzig?

Passant 2: Mmh, nee, stutzig macht mich das nicht. Ich denke mir, in der heutigen Zeit ist das nichts Unnormales.

Wigald: Gestern gab es diese tolle Sendung, wo dieses Gänseblümchen umgebogen war..., auf diesem FDP-Parteitag, wo auf einmal Peter Bond hereinstürmte, sich die Hose auszog und sagte: "Hahaha, haznhhh, ich habe keine Shorts." Haben Sie es gesehen?

Passant 2: Nein, das habe ich leider nicht gesehen. Da war ich arbeiten.

Wigald: Halten Sie es nicht für ein Unding, wieviel die Fernsehstars heutzutage verdienen? Sagen wir mal hier, dieser da: Kennen Sie diesen Boning? So ein Anfänger. Der verdient pro Woche 76 Milliarden Mark.

Passant 3: *Milliarden, neeh, neeh, das kann nicht stimmen.*

Wigald: Ähh, pro Monat.

Passant 3: *Da muß doch eigentlich ein Riegel vorgeschoben werden.*

Wigald: Ja, selbstverständlich.

Passant 3: *Die sollen sich mal nach der Allgemeinheit richten, was die sagt...*

Wigald: Was sagt die?

Passant 3: *Ja, na...*

Wigald: Haben Sie diesen Boning, von dem ich sprach, der da 76 Milliarden Mark pro Woche verdient - haben Sie dessen Programm einmal gesehen? Da ist immer nur voll auf die Kacke, also immer nackt und immer mit der Säge.

Passant 3: *Nein, das kenne ich nicht. Das kenne ich überhaupt nicht. Nein.*

Wigald: Was ist, wenn die Kinder da nun zuschauen, und da würde nun, sagen wir mal, eine sechsundsiebzigjährige nackte Frau mit einer Kettensäge gefünftellt und angezündet. Muß das nicht umgehend unterbunden werden? Ist das nicht Schwachsinn?

Passant 3: *Natürlich, das ist Schwachsinn. Das ist Schwachsinn, was anderes kann man da nicht zu sagen...*

Wigald: Finde ich auch. Danke, daß das jetzt einmal jemand so sagt. Tschüs!

+ + + + + Gratulation an Schwimmweltmeisterin Franziska van Almsick. Sie feierte am Dienstag ihren 16. Geburtstag. Ihr größter Wunsch: Endlich ein breiteres Becken. + + + + +

+ + + + + Wäre Telly Savalas nicht gestorben, dann würden viele Menschen heute noch glauben, daß Bowlingkugeln sprechen können. + + + + +

+ + + + + Heute abend ging ein Stück Fernsehgeschichte zu Ende. "Der große Preis" wurde zum letzten Mal ausgespielt. Mit Hans-Joachim Kulenkampff und zuletzt Carolin Reiber ging es mit ihm bergab. Trotzdem hätte die letzte Folge noch einmal ein Feuerwerk an bunter Unterhaltung bieten sollen. Es kam anders.
Im Studio Hamburg hat sich heute abend ein Drama ereignet. Alle 400 Zuschauer im Studio sind aus Solidarität zu ihrer Sendung mitgestorben. + + + + +

+ + + + + In Stuttgart ist die Uraufführung der Oper "Das Schweigen der Sirenen" geplatzt. Grund: Feueralarm. + + + + +

+ + + + + Einer Umfrage zufolge, haben Protestanten am liebsten Sex mit Katholiken. Nach dem Grund hierfür befragt, antwortete eine evangelische Frau: "Es ist der beste Sex, den es gibt. Wenn ich es mit einem Katholiken treibe, habe ich einen Katechismus nach dem anderen." + + + + +

NEWS

+ + + + + <mark>Claudia Schiffer</mark> hat Orangenhaut an den Oberschenkeln. Das behauptete ein italienischer Paparazzo. Um einer Veröffentlichung der Beweisfotos vorzubeugen, hat Claudia das Gerücht nun selbst bestätigt. Claudia wörtlich: "Außerdem habe ich noch einen Pfirsichpo, einen Erdbeermund, zwei wunderschöne Äpfel und nichts in der Birne." + + + + +

+ + + + + <mark>Katarina Witt</mark> dementierte heute die Meldung, die Stasi habe in ihren Akten vermerkt: "Kein Geschlechtverkehr von 20.00 Uhr bis 20.07 Uhr." Die 27jährige wörtlich: "Ein Druckfehler." Es müsse heißen: "Kein Geschlechtsverkehr von 20.00 Uhr bis 20.07 Uhr." + + + + +

+ + + + + In Holland wird das <mark>Bier knapp.</mark> Grund: ein Streik bei der Heineken-Brauerei. Bundesfinanzminister Theo Waigel will den Nachbarn nun persönlich unter die Arme greifen. Waigel wörtlich: "Ich kann mit den Augen brauen." + + + + +

+ + + + + Deutschlands <mark>berühmtester Förster</mark>, Oberförster Wimmer, ist Legastheniker. Er hatte bereits in der Grundschule in Rechtschreibung immer eine Sechs. Im Laufe der Jahre konnte er sich jedoch so weit verbessern, daß er nur noch bestimmte Vokale vertauschte. Der Skandal wurde aufgedeckt, als Wimmer gestern drei Hosen erschoß. Außerdem zwei Faxe und eine Schlinge. + +

+ + + + + Der Express meldete diese Woche: <mark>"Mehr Sperma durch Naturkost".</mark> In diesem Zusammenhang wurde ein erster Todesfall bekannt. Ein Mann aus Oberursel, der gerade eine Rohkostdiät hinter sich hatte, ist in einer Peepshowkabine ertrunken. + + + + +

+ + + + + Eine <mark>Richtigstellung</mark> in eigener Sache: Vor einer Woche zeigten wir ein Foto mit dem Kommentar: "Sergei Bubka starb beim Hochsprung." Richtig muß es natürlich heißen: "Sergei Bubka beim Stabhochsprung." Wir bitten um Verzeihung. + + + + +

Wette

Mirco schwingt als Tarzan an einer Liane ins Bild. Im Hintergrund: Regenwald und ein echter Gummibaum.

Mirco (schreit den Tarzanschrei): *Aauauaaaaaa!!!*

Aus dem Off kommt eine mehrstimmige Antwort nach der Melodie "The Good, the Bad & the Ugly". Mirco landet und lauscht zufrieden der Melodie. Er zieht einen Regenschirm, den er statt des Messers im Lendenschurz trägt, und spannt ihn auf.

Mirco: *Auch und gerade hier im Regenwald gibt es wieder ein Wetter, Wetter, Wetter. - Gestatten, ich Tarzan - das Jane.*

Tanja schwingt an einer Liane ins Bild auf Mirco zu. Mirco weicht aus. Tanja schwingt weiter, und man hört, wie sie gegen einen Baum knallt. Im folgenden kommt sie immer wieder reingeschwungen, Mirco weicht ihr aus, und sie schwingt wieder aus dem Bild.

Wetter Wetter

Mirco: *Letzte Woche haben wir ja wieder auf Regenzeit umgestellt. Und weil es da immer so langweilig ist, haben wir dafür dann auch diesen Gummibaum hier, und dann dreh ich mir ein Kondom...*

Mirco reißt ein Blatt vom Gummibaum und dreht sich daraus mit beiden Händen ein Kondom.

... und wenn keine Blätter mehr am Baum sind, wissen wir: Die Regenzeit ist vorbei.

Er deutet auf das Kondom.

Klasse, wa?!? Das kann ich auch mit einer Hand...

Er demonstriert es mit einem neuen Blatt.

... hinterm Rücken...

Auch das demonstriert er.

... und freihändig!

Er steckt ein Blatt hinten in den Lendenschurz, bewegt den Po ein paarmal hin und her und zieht ebenfalls ein fertiges Kondom heraus.

Wenn die Regenzeit vorbei ist, können wir endlich wieder spazierengehen. Jane und ich, Tarzan, sowie Rex, unser Wachalligator. Den hab ich heute auch mal mitgebracht. Nein, sie brauchen keine Angst zu haben, der ist ganz harmlos.

Mirco beugt sich nach unten und streichelt den imaginären Alligator. Dabei streckt er seine Hand aus dem Bild.

Gell, du bist ein ganz braver, Rex! Jaa, gib Pfötchen, gib Pfötchen, gib... - hey, gib mir sofort meine Pfote wieder, hey du...!!!

Aus dem Off hört man, wie der Alligator Mircos Hand verschlingt. Tanja kommt wieder angeschwungen und stößt gegen Mirco, der dadurch aus dem Bild fällt. Man hört, wie der Alligator Mirco verspeist. Mirco stößt noch einen letzten Tarzanschrei aus, dann ertönt ein Rülpser des Alligators. Tanja betrachtet das Geschehen teilnahmslos. Sie will gerade aus dem Bild humpeln, da kommt Mirco wieder hoch und reicht Tanja eine Kroko-Tasche.

Kuck mal, hab ich dir gebastelt!

Tanja nimmt die Tasche und prügelt ihn damit aus dem Bild.

Tanja: *Du gehst mir auf den Wecker, Wecker, Wecker!*

Die Legende von

SCHWEINS IM WELTALL

auch unbekannt unter dem Titel "Raumschiff Marion"

Käpt'n

Frollein

Eine Fernsehserie aus der Zukunft ohne Zukunft.

Die Idee von "Schweins im Weltall" begann da, wo viele Ideen beginnen: in dem kleinen Bahnhof von Hückeswagen. Aber aus der kleinen Idee wurde bald ein Multi-Millionen-Dollar-Ungetüm. Dabei war die Geschichte ganz simpel: Esther Schweins sollte Frollein spielen, Steuermann an Bord des leichten Raumkreuzers "MS Marion 17000001", und Tanja Schumann ihre Vorgesetzte: Käpt'n. Zusammen würden sie Planeten zerstören, Universen retten und sonstigen Schabernack (Schabernack: Gruf- ti-Wort für Schelmerei. Anm. d. Verf.) treiben. Esther Schweins und Tanja Schumann in einem großen Science-Fiction-Abenteuer! Das klang nach Action, Hochspannung, hautengen Kostümen, Schlüsselanhängern und Badehandtüchern mit dem "Schweins-im-Weltall"-Schriftzug. Aber schon die Vernichtung einer einzigen kleinen Sonne stellte die ansonsten sehr findige Samstag-Nacht-Requisite vor schier unlösbare Probleme. Die meisten Sonnen waren in Gebrauch oder noch nicht abbezahlt, und unsere eigene wird zur Solarenergiegewinnung benötigt, damit im Jahr 2125 der Bedarf an Kernenergie langsam reduziert werden kann.

Auch das im folgenden erwähnte Ninja-Kampfhasen-Roboter-Spezialkostüm kostete am Ende mehr als 500000 Mark und saß an den Hüften immer noch nicht perfekt. Es kam, wie es kommen mußte, nach unzähligen Drehbuchänderungen, Entlassungen und rituellen Selbstmorden erging es der kleinen Idee "Schweins im Weltall" wie dem javanischen Tiger. Und damit Sie wissen, worum es in diesen Zeilen überhaupt geht, präsentieren wir Ihnen hier erstmalig: "Schweins im Weltall oder Raumschiff Marion" in der exklusiven vierten Änderung der dritten Drehbuchfassung.

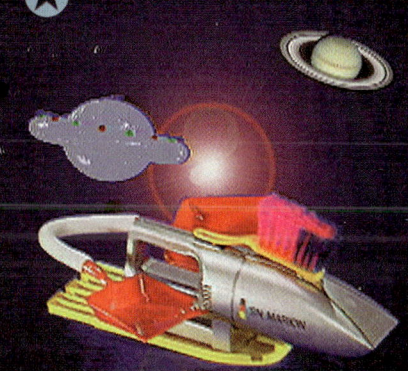

Das Weltall. Das Raumschiff "Marion" (ein Dampfbügeleisen) fliegt durch den Raum, begleitet von "Star-Trek"-ähnlicher Musik. Das Bügeleisen hängt an einem Faden, fliegt an der Kamera vorbei, pendelt zurück, wieder vor und dann aus, haut gegen die Wand, auf die der Weltraum gemalt ist, die Wand fällt um... - und dahinter steht ein Requisiteur, der das Bügeleisen an einer Angel hält.

Off-Sprecher: *In einer fernen Zukunft. Dies sind die Abenteuer des Raumschiffs "Marion". Sehen Sie heute die Folge:*

Schnitt auf Esther und Tanja im Kommandoraum des Raumschiffs; sie schauen in die Kamera und schreien verärgert:

Beide: *Eins!*

Die Musik klingt aus, typische Bordgeräusche eines Raumschiffs werden lauter. Tanja diktiert den Lock-Buch-Text, Esther schreibt. Das Lock-Buch sieht aus wie ein Poesie-Album. Es hängen lauter blonde Locken daran.

Tanja: *Liebes Lock-Buch, wir befinden uns im Lego-System, Planquadrat: in der Heftmitte zum Rausnehmen. Ich hab vor Langeweile meine Tage gezählt. Hoffentlich passiert bald was...*

Esther: *Wir könnten mal wieder versuchen, ein Milky-Way zu versenken!*

Der Intercom-Tele-Pieper ("Star-Trek"-Intercom-Ruf auf Tuba nachgespielt) unterbricht Esther.

Tanja: *Ruhe, sehen Sie lieber nach, wer uns da sprechen will. Verstanden, Frollein?*

Esther bedient ein paar Knöpfe, woraufhin auf dem Monitor ein Kopf mit aufblasbarer Trockenhaube und starrer Gurkenmaske erscheint. Schweres Atmen (Darth Vader) klingt aus dem Monitorlautsprecher. Es ist ihre Erzfeindin, Grand Hand, die seit Jahren versucht, Käpt'n und Frollein zu vernichten, was ihr aber nie gelingt. Die beiden grüßen sie mit entsprechender Häme:

Esther: *Ach, die Grand Hand mal wieder, was macht denn dein Asthma?*

Grand Hand: *Den hab ich verkauft. Wer fährt heutzutage noch einen Opel. Aber von diesem Wissen werdet ihr nichts mehr haben. Diesmal werdet ihr mir nämlich nicht entkommen. Ich habe endlich eine Waffe entwickelt, die euch überlegen ist: der Ninja-Kampf-Hasen-Roboter. Viel Spaß damit. Ha, ha, ha!*

Mit einem dämonischen Lachen verschwindet die Grand Hand vom Monitor. In der Beam-Kabine blinkt, hupt und tutet es. Dann springt Mirco im Hasenkostüm heraus. Er hat eine Trommel umgebunden, auf die er in Aufziehhasenmanier draufhaut. Um den Kopf hat er ein Ninja-Stirnband gebunden.

Tanja (entsetzt): *Sie hat ihn hergebeamt! Schnell, Frollein, lassen Sie sich was einfallen!*

Esther (überlegt kurz): *Man sollte vielleicht so kleine Schraubzwingen aus Chrom erfinden, die man unten an den Fondue-Gabeln anbringen kann, damit das Fleisch nicht immer von der Gabel abfällt. Guter Einfall, was?*

Tanja (ironisch, während sie vom Kampfhasen in eine Ecke gedrängt wird): *Ja, super! Das wird den Kampfhasen sicherlich überzeugen. - Schnell! Tun Sie was!*

Esther nimmt ein Gerät, das aussieht wie ein "Star-Trek"-Funkgerät, klappt es zu Original-"Star-Trek"-Sound auf, sieht hinein - das "Funkgerät" ist ein Taschenspiegel.

Esther: *Hallo, Frollein, ja, du siehst gut aus. Das weiß ich...*

Esther zieht sich die Lippen nach; unter spitzen Schreien wird Tanja währenddessen in die Ecke gedrängt. Der Hase rückt ihr unter wilden Trommelschlägen auf den Leib.

Schnitt

Währenddessen in einem kleinen Café in einer kleinen Stadt im Perioden-System.
Eine Frau sitzt gelangweilt an einem Tisch. Ein Kellner kommt hinzu.

Kellner: *Sie hatten eine Slip-Einlage bestellt?*

Die Frau nickt. Der Kellner ruft drei Männer in Slips und Slippern. Die Männer beginnen zu tanzen.

Blende zurück ins Raumschiff. Darüber Schriftgenerator:
LICHTSTUNDEN SPÄTER AUF DEM RAUMSCHIFF "MARION"!

Tanja schreit. Dann bemerkt sie, daß der Hase in seinen Bewegungen immer langsamer wird und schließlich regungslos verharrt. Sie löst sich aus der Ecke und kämpft sich zu Esther durch, die sich zwischenzeitlich die Fingernägel lackiert.

Tanja (abgekämpft): *Puuh, geschafft!*

Esther (hebt den Fuß hoch): *Ist Ihnen eigentlich schon mal aufgefallen, daß wir richtig flotte Schuhe haben?*

Tanja will Esther gerade an die Gurgel, als plötzlich Geräusche und Blinklichter aus der Beam-Kabine dringen. Unter den erstaunten Blicken der beiden Heldinnen kommt ein Techniker (Super Mario) aus der Kabine. Er fummelt am Rücken des Hasen herum, holt ein Kabel heraus und schließt es an eine Steckdose an. Der Kampfhase beginnt sofort wieder mit dem Trommeln und bedrängt nun beide Heldinnen. Der Techniker verschwindet in der Kabine. Da hat Tanja den rettenden Einfall:

Tanja: *Schnell, geben Sie mir die alkalische Kräutertinktur!*

Esther reicht ihr eine Flasche Jägermeister und zwei Gläser auf einem Tablett. Tanja gießt ein, die beiden prosten sich zu und verwandeln sich in Jäger. Dann legen beide ihre Schrotflinten auf den Hasen an und drücken ab. Aus der Ecke, in der eben noch der Hase stand, fliegen viele Federn ins Bild, dazu ertönt ein ersterbendes Glucksen.

Esther: *Und was machen wir jetzt mit dem Hasen?*

Tanja: *Ich denke, das wird ein gutes Abendessen. Schalten Sie doch schon mal die Kochplatte ein, Frollein!*

Esther geht zu einem Plattenspieler und legt die Nadel auf eine LP. Aus den Lautsprechern ertönt ein Kochrezept.

Mann: *Herzlich willkommen zu "Witzigmanns kleiner Kosmos-Küche". Heute verrate ich Ihnen, wie man ein leckeres Mahl mit Nudeln zubereitet!*

Tanja und Esther zerren den Hasen in die Küche. Das Kochrezept wird leiser, Musik ertönt.

Off: *Das war "Schweins im Weltall", Folge eins. Fliegen Sie auch nächste Woche mit dem Raumschiff "Marion" und seiner Besatzung, wenn Frollein Schweins sagt:*

Esther (mit Blick in die Kamera): *Ich glaube, in diesem Jahr werde ich meine Mutter zum Geburtstag an die Decke häkeln.*

Sollten Sie jetzt an Schlüsselanhängern oder Badehandtüchern mit dem "Schweins-im-Weltall"-Schriftzug interessiert sein, melden Sie sich bitte bei RTL-Samstag Nacht. Bei mehr als 200 000 Anfragen lassen wir die Produktion anlaufen.

STAND UP STEFAN
SINGLES

Wissen Sie, was ich besonders gerne mache? - Ich lese die Kontaktanzeigen. 60 % der Deutschen zwischen 20 und 30 sind Singles! Und alle auf der Suche. Da stehen dann immer so

schöne Sachen wie: "Sehr hübsche, sehr sportliche Traumfrau mit Traummaßen sucht... usw." Ich hab da mal angerufen und mich zu einem Blind Date verabredet... auch mit so einer Traumfrau mit Traummaßen, von Beruf Augenoptikerin.....selbständig.

Als ich zur Verabredung kam, saß da son Pferd mit Glasbausteinbrille und 23 Dioptrien.

Ja, wir haben uns zwei Stunden ununterbrochen unterhalten, mit tief-in-die-Augen-sehn war ja nix...

Aber irgendwo müssen diese Traumsingles doch sein.

Auf der CeBIT haben sie jetzt ein Computerprogramm für Partnersuche vorgestellt.

Man gibt dort Maße und persönliche Wünsche ein und - zack - der Computer macht den Rest.

Auf diese Weise hat David Copperfield Claudia Schiffer gefunden, denn die Kombination ist eigentlich nur mit Computer zu lösen:

Groß, blond, schön, berühmt und trotzdem nur ein IQ knapp über Zimmertemperatur...

Wenn man keinen Computer hat, kann man natürlich noch zu den sogenannten Single-Partys gehen. Aber Vorsicht! Was da abgeht! Dagegen ist Theresa Orlowski eine verklemmte Katholikin. Ich hab mal allen Mut zusammengenommen und wollte da son Mädel zu mir aufn Kaffee einladen, sagt sie nur: "Nee, du ... auf Bumsen hätt ich schon Lust, aber Kaffee..."

So findet man doch nicht den Partner fürs Leben. Irgendwie ist man ja doch zu schüchtern. Da steht man so in der Disko, völlig cool, bloß nicht auffallen, und steht dann da so fünf, sechs, sieben, acht Stunden rum. Wenn man Glück hat, ist man hinterher so besoffen, daß man umfällt und dabei aus Versehen eine Frau mitreißt. Vielleicht entwickelt sich daraus ja dann was...

Aber es gibt auch glückliche Singles. Udo Jürgens zum Beispiel. Kaum ist eine älter als 13, singt er die so lange voll, bis sie ins Koma fällt und sich nicht mehr wehren kann.

Und wenn sie wieder aufwacht, hat Udo schon den Aids-Test hinter sich. Aber bevor man Udo-Jürgens-Lieder singt, bleibt man doch lieber allein...!

STAND UP STEFAN GAFFER

Wie die meisten Deutschen bin auch ich ein sehr nachdenklicher Mensch... immer ein bißchen unzufrieden und auf der Suche nach einer sinnvollen Beschäftigung... Ich habe lange darüber philosophiert, was mich persönlich von innen richtig ausfüllt, und jetzt habe ich es gefunden. Ich bin jetzt ein überzeugter Gaffer.

Sie kennen das ja sicher, diese wunderbaren Katastrophen: Autounfälle. Flugzeugabstürze. Erdbeben. Hochwasser. Es ist doch für jeden Geschmack etwas dabei!

Letzte Woche habe ich sogar zum ersten Mal bei einem Fotowettbewerb mitgemacht und gleich den dritten Preis gewonnen! Ich hab das Bild in der Kölner Altstadt geschossen, im Keller der Familie Kleinjohann... während des Hochwassers...

Das Hochwasser in diesem Jahr war eigentlich noch schöner als 1993. Klar, durch die Erfahrungen vom letzten Mal waren wir alle auch viel besser vorbereitet. Wasserdichte Freßpakete, für den kleinen Hunger zwischendurch... Schwimmwesten mit Außenbordmotor, um auch im dicksten Schlamm mobil zu bleiben...

Und ich hab mir noch rechtzeitig ein Elektroschockgerät gekauft. Damit wird man wunderbar diese lästigen Ertrinkenden los, die sich einem überall an die Klamotten hängen, wenn man gerade dabei ist, die schönsten Aufnahmen zu machen!

Ach ja, die Aufnahme! Zweitausend Mark hab ich gewonnen. Und zwar bei dem Wettbewerb "Schockomenta '95". In der Jury hochkarätige Fachleute: Ulrich Meyer, Margarethe Schreinemakers und Thomas Gottschalk. Der war allerdings nur für Fotos zuständig, auf denen nackte Frauen waren.

Ich bin aber auch echt stolz auf das Bild. Oben schwimmt die Omma und unten links taucht Franz Kleinjohann nach dem Ledersofa... Ja, ist ein bißchen schwierig zu sehen - war aber auch ein Scheißwetter an dem Tag! Versuchen Sie mal, beim Schwimmen zu fotografieren... Ich bin ja nicht ausgerüstet wie Jacques Cousteau...

Der zweite Preis war übrigens eine Aufnahme von einem Unfall auf der A 3. Toller Schnappschuß von einem Typen, der unter'n Sattelschlepper gekommen ist. Ist ein bißchen verwackelt, weil der Kerl etwas gezuckt hat - aber man kann halt nicht immer Glück haben...

Der erste Preis ging an einen Gaffer aus Iserlohn. Der hat wirklich den Vogel abgeschossen. Seine Aufnahme hat jetzt sogar Chancen beim Internationalen Katastrophenfotowettbewerb. Er hat ein Nacktfoto von Mutter Beimer eingeschickt.

Eins ärgert mich immer wieder an diesen Wettbewerben: Die Jury ist doch nie objektiv. Der eine mag lieber Wasserleichen, der andere steht auf Lawinenopfer - da weiß man als seriöser Fotograf doch gar nicht, worauf man sich konzentrieren soll.

Und dann dauernd dieser Ärger mit den Rettungsmannschaften, die stehen einem wirklich überall im Weg rum! Ich meine, gut, manchmal ist es natürlich auch ein bißchen eng, in so einem Rettungsschacht zum Beispiel, aber die sind immer so rücksichtslos, stellen da alles voll mit Sauerstoffgeräten und Erste-Hilfe-Gerät, daß von uns keiner mehr durchkommt! Wir sind ja schließlich nicht zum Spaß da! Apropos Katastrophen!

Jetzt wollen sie ja die ARD abschaffen! Weil denen die Gaffer weglaufen. Ich meine, ist ja kein Wunder, ist ja auch ne öffentliche Anstalt - ja und auf ne öffentliche Toilette gehn Sie doch auch nur, wenn's unbedingt sein muß... Aber etwas Sorgen mach ich mir schon - nicht um die 13 Zuschauer, nein um die 50 000 Mitarbeiter. Stellen Sie sich mal vor, die werden alle entlassen, was sollen die um Gottes willen dann nur machen ???

Ich seh schon die Schlagzeile: "Tausend öffentlich-rechtliche Angestellte statuieren ein Exempel und zünden sich an!"

Na, hoffentlich ist dann schönes Wetter, also von wegen der Fotos...

Ken & Barbies

Die berühmtesten Puppen der Welt haben geheiratet. Nein, nicht Pinocchio und Michael Jackson. Ken und Barbie haben sich 1993 heimlich verlobt und zwei Jahre später dann öffentlich geheiratet. Und zwar vor einem Millionenpublikum in Linda de Mols "Traumhochzeit".

Ken hatte sich heimlich bei Linda beworben. Gemeinsam überlegten die beiden, wie Ken seiner Barbie auf möglichst lustige Art einen Heiratsantrag machen könnte. Ken schlug vor, Barbie einfach seinen Arm anzubieten. Das erschien Linda jedoch zu flach. Sie erklärte ihm, daß man so einen Antrag nicht einfach runterreißt, sondern gut vorbereitet. Kens Ideenreichtum war mit diesem Vorschlag allerdings erschöpft, und Linda übernahm die Initiative. Sie machte Ken einen Vorschlag, der die gesamte Heiratsantragstellerei revolutionieren sollte. Und so kam es zu folgendem folgenschweren Ereignis.

Ken kaufte sich einen sibirischen Wolfshund, einen litauischen Luchs und eine bayerische Kreuzotter. Er brachte den dreien verschiedene Kunststücke bei, darunter auch die berühmte "Bremer Stadtmusikantenpyramide".

Dann versteckte er sie in Barbies Dusche. Ganz unten stand der sibirische Wolfshund, darüber der litauische Luchs und oben drauf balancierte die bayerische Kreuzotter mit drei Jonglierkeulen in der Schnauze. Ken gebot dem Trio absolutes Stillschweigen, zog den Duschvorhang zu und versteckte sich bei dem Traumhochzeitskamerateam hinter dem Allibert-Schrank. Lindas goldenes Haar wurde vor lauter Spannung schon ganz feucht, und Ken knabberte schon vor Aufregung an seinen Zähnen. In diesem Moment betrat Barbie das Badezimmer, rutschte auf einem riesigen Hundehaufen aus und schlug mit ihrer Nase auf Kens Rasierspiegel.

Endlich wußte Ken, was er vergessen hatte dem Wolfshund beizubringen. Er blickte auf Linda, die kaum noch das Lachen halten konnte, und beiden war klar, daß dies der lustigste Heiratsantrag aller Zeiten werden würde. Linda vergewisserte sich, daß die Kamera auch alles einfing, und beobachtete dann mit Ken das weitere Geschehen.

Barbie entfernte die Spuren ihres Ausrutschers und zog sich dann langsam aus. Ken wurde bereits ganz unruhig. Aber Linda sorgte dafür, daß er nicht weich wurde. Erst in dem Moment, in dem Barbie zur Dusche ging, ließ Linda Ken losgehen. Während Barbie den Duschvorhang aufzog, trat Ken fast zeitgleich hinter dem Allibert-Schrank hervor. Er schlängelte sich um seine Barbie herum und zündete die Jonglierkeulen der bayerischen Kreuzotter an, die daraufhin, aus Angst sich die Schnauze zu verbrennen, wie wild anfing zu jonglieren. Dann nahm er Barbies Kontaktlinsen vom Waschtisch und setzte sie ihr heimlich auf die Pupillen. Klaren Blickes erkannte Barbie nun, was sich da unter ihrer Dusche versammelt hatte.

Sie schrie auf, entdeckte den lächelnden Ken, hielt sich noch ein letztes Mal ein Handtuch vor die bloßen Brüste und fiel dann ohnmächtig auf den steingefliesten Badezimmerboden, um dort in tausend Stücke zu zerbrechen.

Hilflos blickte Ken in Richtung Allibert-Schrank, hinter dem nun auch Linda mit ihrem Kamerateam hervortrat.

Sie versicherte Ken, daß das halb so schlimm sei. Immerhin könnte man das Material ja an die Sendung "Explosiv" verkaufen. Sie bedankte sich bei Ken für seine Mitarbeit und wollte gerade das Badezimmer verlassen, als Ken plötzlich voller Freude aufschrie. Linda drehte sich um und sah den lachenden Ken, der den Rumpf von Barbie in der Hand

Traumhochzeit

hielt. Dann erkannte auch sie den Grund von Kens Freude. Ken klappte Barbies Bauchdecke auf. Darunter kam ein kleiner Plastik-Fötus zum Vorschein. Allen war nun klar, daß die Barbie, die da in tausend Stücken auf den Badezimmerfliesen verstreut herumlag, gar nicht Kens Barbie war. Es war eine der zahlreichen Schwestern von Kens Barbie, die Schwangerschafts-Barbie. Voller Freude stürzten nun alle drei, Ken, Linda und das Kamerateam, ins Wohnzimmer, um der echten Barbie die wundervolle Nachricht zu überbringen. Die war nämlich vorm Fernseher eingeschlafen. Linda und Ken überbrachten ihr die wundervolle Nachricht. Dann machte Ken Linda den Heiratsantrag, entschuldigte sich und machte dann seiner Barbie den Antrag. Und so kam es zu einer der schönsten Folgen der "Traumhochzeit" mit Linda de Mol, Ken und Barbie:

Linda: Und hier ist unser Traumpaar der Woche: Ken und Barbie!
Ihr wißt ja, bevor Ihr hier live heiraten dürft, müßt Ihr erst mal beweisen, daß Ihr auch reif dafür seid. Seid Ihr nervös?
Barbie: Ich bin die Ruhe selbst.
Ken: Auf einmal??? Eben hast du noch vor lauter Nervosität die ganze Garderobe geputzt.
Barbie (hochnäsig):
Pfff, regelmäßig putzen macht doch jeder.
Linda: Ja, Barbie, aber nicht mit der Zunge!
Ken: Ach, das war deine Zunge? Sah so aus, als wolltest du das Fensterleder aufessen.
Barbie rümpft hochmütig die Nase.
Linda: Wir beginnen mit dem Übereinstimmungsspiel. Die erste Frage geht an Ken. Barbie, setz bitte die Kopfhörer auf.

Barbie setzt Ken die Kopfhörer auf.
Linda: Nein, Barbie, Du sollst die Kopfhörer aufsetzen.
Barbie: Aber Linda, dann kann ich dich doch nicht mehr hören...
Linda: Und ich kann dich gleich nicht mehr sehen. Dann geht die Frage eben nicht an Ken, sondern an dich, Barbie: Was magst du denn an Barbie am liebsten?
Ken: Ihre reichen Eltern, Ma Tell und Pa Tell.
Barbie: Du hast gar nichts für mich übrig, Ken? (schluchzt)
Ken: Doch, Barbie,...
Ken fällt ein Arm ab; beide schauen drauf; Barbie freut sich.
Barbie (verliebt):
Oh, Ken,...
Ken (verliebt):
Oh, Barbie,....
Linda (schlägt die Hände über dem Kopf zusammen):
Oh, Gott. Hier ist eure nächste Aufgabe: Welches Wort müßt ihr dem Priester sagen, damit ihr Mann und Frau werdet?
Barbie (schaut Ken fragend an):
Weißt dus?
Ken: Nein.
Linda: Falsch. "Ja!" wäre richtig gewesen. Schade, verloren! Ihr könnt nicht heiraten.
Barbie schluchzt, Ken geht in Siegerpose.
Linda: Wieso freust du dich denn, Ken?
Ken: Wärst du gern mit jemandem verheiratet, der lügt, stiehlt und betrügt?
Linda: Nein.
Ken: Siehst du, Barbie auch nicht.
Linda: Das war die RTL Samstag Nacht Traumhochzeit mit unserem Traumpaar: Ken und Barbie. Tschüs.

ZWEI STÜHLE

Hallihallo und herzlich willkommen zu unserer aktuellen Talkrunde. Wir haben ihn tatsächlich bei uns - den Ehemann des Jahres. Jetzt kommt

Boris Becker

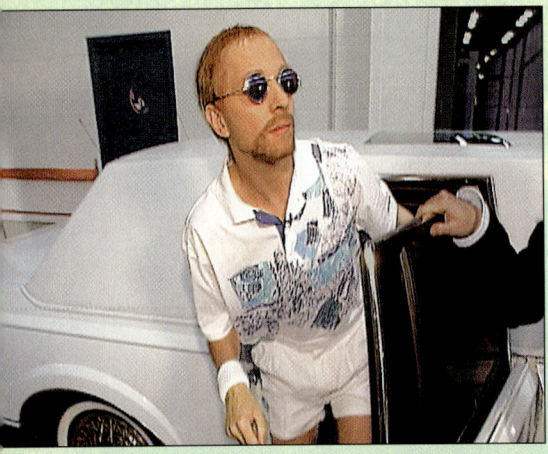

Boning: Boris, herzlichen Glückwunsch. Boris, Sie haben es eilig, ich habe schon gehört, Babsi wartet draußen. Sie wollen jetzt gleich in die Flitterwochen. Wo gehts denn hin?

Becker: Äh, äh, Ägypten.

Boning: Äh, Boris, zunächst einmal: Warum haben Sie eigentlich nicht in Kitzbühel geheiratet, sondern doch zu Hause?

Becker: Ja also, da war ein bissel viel Rummel in Kitzbühel, äh, da wollte ich die Presse leimen.

Boning: Eh, nun, apropos Presseleute. Sie haben ja ein gestörtes Verhältnis zur Journalistik. Ich kann mir vorstellen, daß Sie auch sehr streßbeladen gewesen sein müssen. Gabs da besondere Vorkommnisse? Paparazzis, die Sie gerempelt haben, oder so was?

Becker: Also, in Kitzbühel, da war ein Mann und und der hat mich ein bissel an der Krawatte gezogen, und da hatt ich einen Tie-Break.

Boning: Ach ja, hier, aber körperlich sind Sie unversehrt?

Becker: Mental supergut geschützt und äh...

Boning: Ja, wie schützen Sie sich da?

Becker: Ich hab drei neue Schläger.

Boning: Nun ist ja die Hochzeit eines Weltstars wie Boris Becker unzweifelhaft was ganz anderes wie, sagen wir mal, wenn zum Beispiel Sie und ich heiraten würden. Erklären Sie uns doch mal: Was hat diese Heirat in Leimen denn ausgemacht? Was hat sich da abgespielt auf dem Standesamt unter soziosedimentären Gesichtspunkten?

Becker: Äh, das hab ich nicht verst, ... aber... Ja, also auf dem

Standesamt, ich bin also mit der Babs vom Centercourt in die Kabine gegangen, und da saß ein Mann, der war ein bissel wie ein Schiedsrichter und der hat gesagt im dritten Satz: Wollen Sie Herrn Boris Becker heiraten? Und da hab ich ihn gleich unterbrochen und hab gesagt: Nee, nee, ich will die Babs.

Boning: Ja, ja. Diese Vermählung ist ja nun zunächst einmal der vorläufige Endpunkt einer durchaus romantischen Liebesgeschichte, die wir alle mit Wohlwollen verfolgt haben. Können Sie uns nun noch mal die einzelnen Zwischenstationen dieser Traumpaarung näherbringen?

Becker: Ich habe die Babs mal kennengelernt, und da hab ich zum Ivan, der war das damals, gesagt: Die würde ich nicht von der Netzkante schubsen, und dann hab ich sie in den Tennisarm genommen und zweimal gebreakt, und dann hat sie mich dafür zweimal geloopt.

Boning: Boris, noch eine letzte Frage zu Tennis und Emotionality. Wir alle wissen, daß Michael Stich, Ihr größter Konkurrent, ja auch verheiratet ist, und dadurch öfters auffällt, daß er in letzter Zeit nach gewonnenen Matches in Tränen ausbricht und sagt: Jessica, ich liebe dich.
Kann Ihnen das auch in Zukunft passieren?

Becker: Na, ich hab doch die Babs.

Boning: Ach so, ja, da haben Sie recht. Ja, richtig.

Becker: Und, und äh, außerdem hat die Jessica nen Stich.

Boning: Das war "Zwei Stühle - eine Meinung". Bleiben Sie dran, ich pfeif auf Sie!

EINE MEINUNG

ZWEI STÜHLE

Hallihallo und herzlich willkommen zu unserer aktuellen Talkrunde. Der Wille des Menschen kann Berge versetzen. Zu Gast bei uns im Studio zu diesem Thema haben wir heute bei uns den größten Bergsteiger aller Zeiten, den erfolgreichsten Abenteurer seit Alexander dem Großen und Matthias Rust und obendrein einen herzensguten Humanisten: Hier ist

Reinhold Messner

Messner: *Ja, ja, guten Tag. Guten Tag.*

Boning: *Herr Messner, Sie befinden sich ja gegenwärtig gerade in den Startlöchern zu Ihrer nächsten großen Expedition....*

Messner: *Richtig.*

Boning: *...die Sie von Sibirien über den Nordpol hinweg bis nach Kanada führen soll...*

Messner: *Richtig.*

Boning: *Wie bereiten Sie sich eigentlich auf eine solche Expedition vor?*

Messner: *Ja, wie bereitet sich der Messner vor? Natürlich ohne Hilfsmittel, das heißt: Um mich an die Kälte zu gewöhnen, übernachte ich bereits seit vier Wochen ohne Pyjama im Packeis meiner Gefriertruhe.*

Boning: *Sie haben ja nun alleine ohne Begleiter und ohne Sauerstoffzufuhr alle Neuntausender bestiegen.*

Messner: *Richtig.*

Boning: *Ich weiß nicht so recht, ich habe so den Eindruck - da gibt es doch auch lebensbedrohliche Situationen dann und wann. Können Sie uns mal ein spektakuläres Ereignis schildern, wo es wirklich ums Ganze ging?*

Messner: *Was mir in Erinnerung ist, das war 1967 in Tibet. Da hing ich nur noch mit einer einzigen Bartlocke in einem Spalt in zehntausend Meter Höhe. Plötzlich - von links ein Schneemann in Begleitung seiner hochaufgeschossenen Gattin Lawine. Von rechts die Rückkehr der Yeti-Ritter, angeführt von den Urgroßeltern des Ötzi, die sich gegenseitig abwechselnd huckepack trugen, bewaffnet mit Pfeil und Bogen, mit einer kobalt-blauen Speerspitze aus* der Kupferkreidezeit - von oben eine Eisbombe aus dem Zweiten Weltkrieg, gefüllt mit Maracujakirschen, und vorne ein wildgewordener Handfeger. Und in diesem Moment - in diesem meditativen Moment einer total alpinistischen Bedrohung habe ich zu mir gesagt: Reinhold, du bist keinesfalls einer halluzinatorischen Anwandlung anheimgefallen, sondern lediglich von der Inkarnation des dreizehnten Dalai-Lamas in Form einer verirrten spanischen Bergziege in den Arsch gebissen worden.

Boning: Herr Messner, haben Sie eigentlich Verständnis dafür, daß viele Journalistenkollegen von mir Respekt vor Ihrer bergsteigerischen Lebensleistung haben, Sie aber andererseits für einen eitlen, selbstverliebten, größenwahnsinnigen, esoterisch-egozentrischen vollidiotischen Wichtigtuer halten, der sich nur in die Bergwelt flüchtet, weil er im zivilisierten Leben ein hundertprozentiger Totalversager ist und schon in Schwierigkeiten gerät, wenn er, sagen wir mal, im Straßenverkehr klarkommen soll?

Messner: Also, ich habe diesen antihumanitären Scharlatanen bereits durch meine letzte Tat, durch meine letzte Expedition eine Lehre erteilt.

Boning: Was war das? War das in der Antarktis?

Messner: Nein, ich habe allein und ohne Sauerstoff eine asphaltierte Hauptstraße überquert.

Boning: Tja, dazu haben Sie uns diesen Filmbeitrag mitgebracht. Muß ich mal die Regie fragen: Liegt er vor? Können wir das mal als MAZ hier einspielen? Vielleicht können Sie ein paar Worte dann dazu sagen.

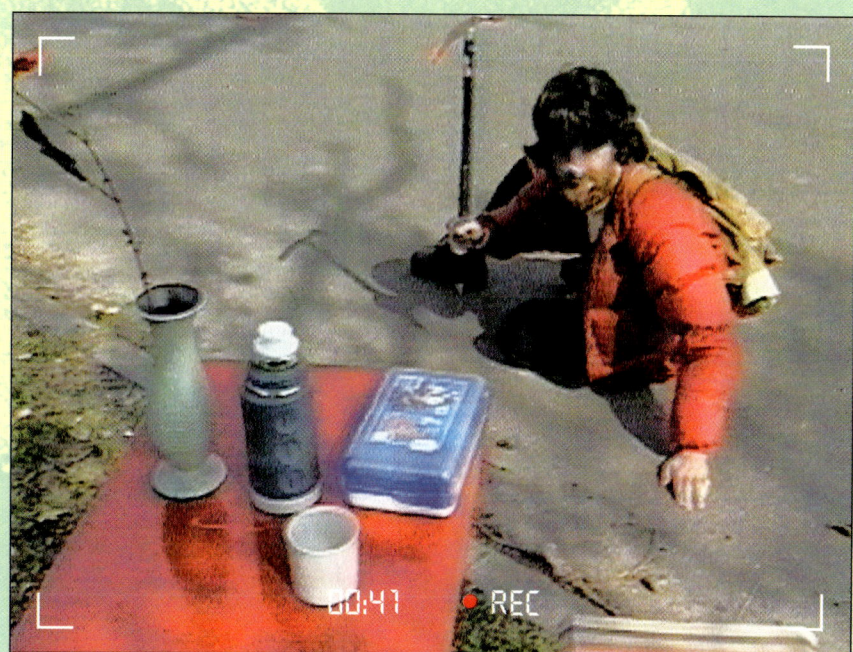

sächlich. Sie haben diese Wäscheklammer da auf der Nase. Sie agieren da also wirklich ohne Sauerstoffzufuhr. Ich meine, ich bin nur ein Stubenhocker, ich verstehe da sowieso nicht so viel von - aber das mit dem Sauerstoff das leuchtet mir so überhaupt nicht ein. Wie funktioniert das eigentlich?

Messner: Ich habe durch meine humanitäre Wildwilderniserzie-

EINE MEINUNG

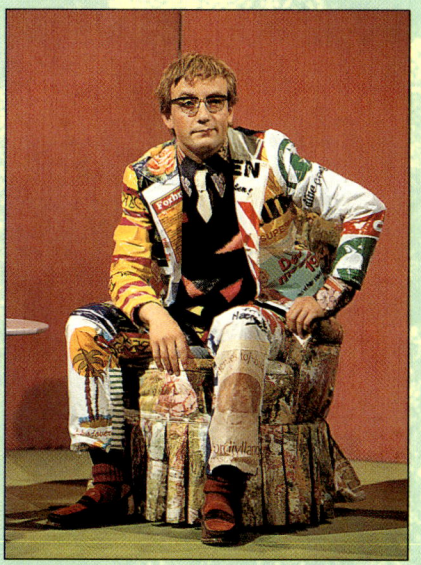

Messner: Ja, ja. Das bin ich. Da, mit letzter Kraft - es ist allerdings bereits auf dem Weg zum Basislager. Da hinten sehen Sie das Basislager bereits ...

Boning: Aber wilde Tiere sind Ihnen da nicht begegnet, was?

Messner: Doch, ein Jaguar.

Boning: Mhhh.

Messner: Ja, da komm ich noch hoch.

Boning: Man siehts hier ja tat-

hung schon im Alter von sechs Jahren festgestellt, daß ich über außergewöhnliche psycho-physische Sauerstoffreserven in meinem Körper verfüge.

Boning: Wo haben Sie die stecken?

Messner: Ich habe... ich habe eine Luftblase im Kopf.

Boning: Das war "Zwei Stühle - eine Meinung". Bleiben Sie dran, ich pfeif auf Sie!

jetzt NEU

Epilepti-Ken

Nach Asthma-Barbie und Veteranen-Ken (mit abnehmbaren Gliedmaßen)

jetzt neu: *Epilepti-Ken*.

Du kannst ihn wie einen echten Epileptiker zucken lassen.
Dabei schmeißt er sogar das Mobiliar in Barbies Traumhaus um.
Schraube Kens Haare ab und fülle seinen Kopf mit einem Fruchtzwerg.
Dann erbricht er sogar.
Mit vier Spinnenbeinen auch als *Spinnen-Ken*.

Wie abgebildet, ohne Batterien

Wigalds Welt

Immer wieder stieß Wigald Boning auf seinem Weg durch seine Welt auf Hindernisse. Anfangs ist er drunter durch gekrochen, später drüber weg geklettert, neuerdings überfliegt er sie. Wie er das geschafft hat, fragen Sie? Ganz einfach: Wigald Boning trainiert für Ostolympia, jenen kleinen Küstenort an der südzypriotischen Küste, in dem alle 12 Jahre die Ostolympischen Spiele stattfinden. Jeden Morgen steht er um Punkt viertel vor elf Minuten nach fünf auf, wäscht sich, duscht und putzt seine Zehen. Anschließend läuft er die Strecke Badezimmer - Bett in sage und schreibe 6,244 Sekunden, ohne auch nur einen Augenblick darüber nachzudenken, ob Karl May nun damals seine Bücher selbst geschrieben oder sich das einfach alles nur ausgedacht hat. Nach dieser sensationellen sportlichen Leistung kuschelt er sich wieder in sein dickes Wollederkissen, das ihm ein westitalienischer Trapper von einer Fahrt um Kap Horn mitgebracht hatte. Es besteht aus den zusammengenähten Häuten von 126 Wolledermäusen, die nur in der wilden See um Kap Horn herum hupen. Dann schläft er noch einmal ein. Erst Stunden später quält er sich wieder mit übermenschlicher Anstrengung aus den warmen, weichen Wolledermausdaunen und bereitet sich einen Kaffee. Dann denkt er darüber nach, wie er wohl die diesjährigen Ostolympischen Spiele gewinnen könnte.

Dabei verläßt er sich allerdings in erster Linie auf seine Ideenkraft, sein Improvisationsvermögen und seine sprichwörtliche Tomatensuppe. Die letzten Spiele gewann er auch nur durch einen Zufall. Die Aufgabe bestand darin, den Rubikschen Zauberwürfel in einer Tasse Würfelzucker zu verstecken. Wie immer ließ sich Wigald dazu hinreißen, so lange an dem Würfel zu drehen, bis er kaputt war. Dann legte er die einzelnen Teile nebeneinander, so, daß er 65 schwarze und weiße Felder vor sich hatte. Dann versteckte er die weißen Würfelzuckerstücke auf den weißen Feldern und die schwarzen Zuckerstücke auf den schwarzen Feldern und hatte damit nicht nur die Ostolympischen Spiele gewonnen, sondern auch das Schachspiel erfunden. Natürlich bedurfte es noch einiger Modifikationen, um das Schachspiel gesellschaftsfähig zu machen. So setzte der weltweite Erfolg des Spiels erst ein, nachdem Wigald sich entschlossen hatte, König, Bauern und Dame zu bekleiden.

Natürlich verbringt Wigald noch heute sehr viel Zeit mit seiner Erfindung und entwickelt auch immer neue Strategien, mit denen man das Spiel spannender gestalten kann. Allerdings weiß er bis heute noch nicht, welche Figur auf das 65ste Feld gehört. Dafür gelang ihm vor 3 Monaten ein bahnbrechender Schachzug von 234 Metern Länge ohne Zugmaschine. Wie der funktioniert erklärt er allen Schachfreunden und -gegnern nun selbst.

Letzte Meldung

Soeben erreichte uns die Nachricht, daß Wigald Boning endlich herausgefunden hat, welchen Zweck das 65ste Feld auf seinem Schachbrett erfüllen soll.
Man kann es mit einer einfachen Laubsäge abtrennen, wodurch es zum einfachsten Rubikschen Zauberwürfel der Welt wird.

Hallihallo, liebe Schachfreunde!

Heute möchte ich Sie mit einer strategischen Revolution in der Welt des Schachspiels vertraut machen, die hier in Ostende vor zwei Wochen die Köpfe der Eröffnungstheoretiker zum Glühen brachte. Ich spreche von der Wildeshauser Variante in der Nimzowitsch-Indischen Verteidigung.

Diese funktioniert folgendermaßen:
Landwirt e7-e3. Pudel g1-f3 bedroht das Zentrumsfeld e4. Weiß lehnt das Damengambit ab und entwickelt Pudel g7-f5. Der bisher passiv positionierte Lf8 fesselt nun mit großer Dynamik die Tretmine auf h1 und eröffnet nach der längeren Rochade auf den schwarzweißen Damenflügel. Hier in Mährisch-Ostrau 1923 in der Partie Novski gegen Schulze-Urbach blockiert die Dampfdübelschraube a8 die schwarze Remis-Chancen-Dublette durch einen Abzugsschacht von links oben, bedingt durch die taktisch unbedachte Heizlüfterschwäche in der weißen Bauernverkleidung.
Jetzt wirds spannend.
Das Gewicht der auf d4 positionierten schwarzen Leichtfigurenkonzentration nimmt immer mehr ab und hat gegen den von e4 angreifenden Landwirt keine Chance.
Aber noch ist alles offen.

Der schwarze König wird nun direkt vom gelben Verkehrshütchen bedroht und proviziert somit einen Damentausch, der nach zwölfeinhalb Zügen automatisch zum Patt durch die Kasparowsche Plattfischfalle führt.
Erleichterung verschaffen würde jetzt nur noch der Läufer von c6 nach j15. Aber da hat gerade ein Auto geparkt.

Na ja, ist ja eh alles graue Theorie.
Entscheidend nachher ist ja nicht wie, sondern daß man den Gegner schlägt.
Aua!

Die Weinprobe

*Hallihallo, liebe Weinkenner!
Wir wissen es bereits, der Vierundneunziger wird ein qualitativ und quantitativ überdurchschnittlicher Jahrgang.*

Wigalds Weinrouten für Weinkenner:

Wie immer ab und zu, gebe ich auch jetzt wieder meine Reisetips für den fortgeschrittenen Weintourismus heraus.

Als erstes eine Warnung an alle *französischen Weinliebhaber*. Achtung! Meiden Sie das Chateauneuf du Pape. Die Mönche in diesem Kloster gehen ganz rigoros vor. In Null komma Nichts, hat man da einen dicken Kopf, der am nächsten Morgen bereits kahlgeschoren ist. Außerdem steckt man in einer braunen Kutte und muß den ganzen Tag beten. Dafür darf man dann allerdings auch von dem guten Wein der Mönche trinken. Hier gilt es also abzuwägen.

Für Freunde des guten *spanischen Tropfens* empfehle ich in diesem Jahr das Weingut von Don Diego Armando Garcia Donna di Campignio-Mendoza. Er hat, leise und heimlich in den Pyrenäen sitzend, eine Methode entwickelt, wie man sich in der prallen Sonne so richtig den Kopf zuballern kann, ohne gleich das Wildeshausener Wein-Orakel (siehe Kasten rechts) befragen zu müssen. Außerdem züchtet Campignio-Mendoza einen hervorragenden Ziegenkäse, den ich wiederum gut zu einem schweren Burgunder aus Bordeaux empfehlen kann.

Für den Liebhaber der *heimischen Weine* habe ich in diesem Jahr eine besonders exquisite Tour zusammengestellt: Tengelmann - Konsum - Aldi - Allkauf - Lidl. Fünf Flaschen aus fünf verschiedenen Anbaugebieten für unter 20 DM. Zum Wohl!

*Doch was bedeutet das im einzelnen:
Wir sind heute zu einer Weinprobe ins schöne Mainfranken gefahren, um uns einen biologischen Ersteindruck von den gegenwärtigen Geschmackstendenzen in der Welt zu verschaffen. Hier haben wir einen der aktuellen Spitzenweine, einen* Hobelstätter Rasenschnitt *von der* Kellerei Dübel & Söhne.
Sehr malzig, eckig, sympathisch. Im Segment sehr fruchtig, kapriziös, eigen. Etwas Torfmehl in der Blüte und schwach in der Besenkammer verbuttert.

Aus Trient stammt dieser TRABENTRABRENNBACHER HALBRIESLING, der übrigens im letzten Jahr mit dem "Grünen Punkt" preisgekrönt wurde. Etwas simpel, unter der Zunge zartperlend, etwas schokoladig im Zweitgeschmack. Dieser Wein stammt wahrscheinlich vom Nordnordostüberhang und ist im übrigen auch für den großen Durst gut geeignet.

Auch die Franken wollen in Zukunft im Internationalen Weinkonzert wieder eine erste Geige spielen.
Das hier ist ein KLEINKITZINGER RUDI THURGAU mit Geschmacksspoiler.
Wollen mal sehen!
Etwas staksig im Sparwasser, eine typische Parkettbodenrebe, aber ganz angenehm im Geschwür. Schmeckt besonders gut zu Erbsensuppe und Fisch.
Spanien schenkt uns in diesem Jahr einen besonders edlen Tropfen, nämlich den traditionsreichen WALDEMAR DON PAELLA vom WEINGUT MANUEL OLE UND KONSORTEN.
Dieser Wein hat ein unbändiges Temperament und verzichtet ganz auf Trockenheit. Er soll in einer Temperatur von mindestens 25°C getrunken werden und paßt besonders zu toter Katze. Denselben Wein gibt es übrigens auch in Rot. Der heißt: TRINKMICHNICHT... KARATOGOLORES. Der macht sofort breit und ist von daher auch nicht ohne.

Nächste Woche gibt es Neues aus der Welt der Kräuterliköre.

Zum Wohl!

Das Wein-Orakel von Wildeshausen:

Als erstes trinkt man eine Flasche Weißwein leer, danach schnell eine Flasche Rotwein. Dann macht man fünf Minuten Kopfstand. Wenn man sich wieder umgedreht hat, trinkt man gleichzeitig eine Flasche Sekt und eine Flasche Sherry.

Wichtig ist dabei, den Sekt als letztes zu leeren. Wahlweise kann man das Ganze nun mit einem Schluck Portwein oder einem Gläschen Vermouth geschmacklich abrunden.

Als nächstes stellt man sich auf eine exakt 12,456 qm große Plane und erbricht sich aufs Heftigste.

Nun beginnt das eigentliche Orakeln. Das Schöne am Wein-Orakel ist, daß man in der Vergangenheit, in der Gegenwart und in der Zukunft lesen kann.

Ein typisches Orakel sieht so aus: Oh Mann, ich hatte eine Sardellenpizza, vier hartgekochte Eier und ein Leberwurstbrot zum Frühstück, wobei sich der Fisch mit den Eiern anscheinend prächtig versteht. Dann hatte ich sehr viel Wein, das zeigt mir, warum es mir momentan so schlecht geht. Außerdem werde ich in Zukunft keinen Alkohol mehr trinken und wieder Karten legen, wenn ich was wissen will.

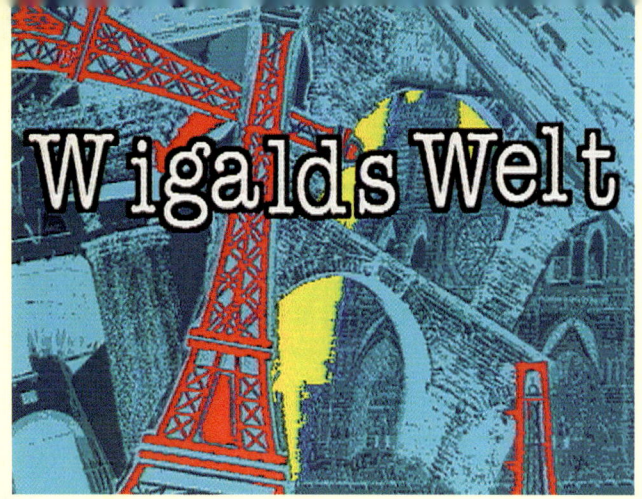 

Die Bräuche der Indianer

Hallihallo, liebe Cowboys, Hallihallo, liebe Ethnologen, heute melde ich mich aus dem Nordnordwesten aus Ohio, wo sich das Reservat der Sauerkrautindianer befindet.

Der Sauerkrautindianer lebt in beheizbaren Zelten, die er sich aus Lutschbonbons schnitzt. Hier haben wir einen solchen Wickwarm.

Sauerkrautindianer ernähren sich fast ausschließlich von LKW-Reifen. Diese werden von Eichhörnchen zusammengetrieben, die der ähh, Sauerkrautindianer, ähh, nee, ich glaube die essen Bohnensuppe. Der Stamm der Sauerkrautindianer gilt als freundlich, fleißig und vor allem sportlich. 1960 bewarb man sich sogar um die Ausrichtung der Olympischen Spiele und begann mit dem Bau eines großen Stadions. Noch heute finden hier ab und zu Wettkämpfe gegen die Rotkohlindianer oder Union Solingen statt. Neben mir steht jetzt die Häuptlingstochter der Sauerkrautindianer, mit der ich

Lustige Bräuche der Indianer.

Teil 1: "Jemandem den Skalp abschneiden."

Unter einem Skalp versteht der Durchschnittsnichtindianer gemeinhin das Haarkleid eines Feindes, an dem noch ein paar Fetzen blutiger Kopfhaut hängen.

Dieser Brauch klingt im ersten Moment brutal und unmenschlich, ist es aber eigentlich nicht, wenn man ihn mit Bräuchen anderer Naturvölker vergleicht. Die abgetrennten Füße der Eskimos zum Beispiel, die gezogenen Fingernägel der Südbrasilianer, die manchmal sogar noch Salz in die offenen Frühstückseier streuen. Oder wie wäre es mit abgeschnittenen Ohren aus Nepal, besonders lecker in einer leicht aufgekochten Weinsoße, als Beilage reiche ich gerne Kartoffelkroketten.

Man sieht, bevor wir die Indianer verurteilen, sie in Reservate sperren und ihnen ihr Land klauen, sollten wir erst einmal vor unserer eigenen Türe kehren. Zumindest jeden zweiten Samstag.

mich über die langfristigen Perspektiven dieses Stammes unterhalten werde. Aus Gründen der Verständigkeit haben wir das Gespräch vor der Ausstrahlung synchronisiert:

"Wie heißen Sie?"
"Silke."
"Wie alt sind Sie?"
"Dreiundzwanzig."
"Wo sind Sie geboren?"
"In Reutlingen."
"Gehen Sie mal wieder in Ihren Wigwam da hinten."

Die berühmteste aller Sauerkrautindianer ist auch in Deutschland bekannt. Es handelt sich um die Schlagersängerin Delial Lavi. Delial spendet allen Rothäuten Trost. Nächste Woche singt sie im Hotel "Zur Post".

Das Neueste von der Wasserfront

Die deutsche Seeschiffahrt steckt in der Krise. Immer mehr Seeschiffe leiden unter Seeschwäche. Die deutsche Hochseeflotte ist nicht mehr flott, und die Szechuanente fährt nur noch in der Serengeti. Das Flaggschiff Fridolin wurde heute nachmittag in flagranti beim Schiffen erschifft. Das Flegelboot Bodo aus Bootswana wurde ausgebootet, obwohl der Kapitän Clemens Klopse aus Königsberg 350 Tonnen Kapern gekapert hatte. Die Schaluppe Charlotte gewann im Rennquintett eine Damasttischdecke. 15 Knoten später verknotete sich der Dreimastknöterich Knuddel an einem Unterseekabel, weil er zuviel Knoten aufgegessen hatte. Die Schoner blieben heute verschont.

Soeben erfuhren wir, daß der Kreuzer Alf gekreuzt wurde. Mit Karacho krachte backbord eine Backwarenhandlung mit Außenbordmotor vorbei. Das Gewürzbord ging steuerbords bei Bordeaux über Bord. Das Ruderboot Rudi rettete die gesamte Satzung. Durch die Bullaugen von Bulltaub sahen bullige Schneekühe Bullterrier bellen. Ein Hering von Havesta kam auf einer Vespa vorbei und fragte: Was isn des da? Ein Tanker verlor seinen Anker, und ein Kutter wurde Mutter. Auf einer Sandbank lag der Tanker lang und mußte von einem Schlüpfer abgeschlüpft werden. Der Stückgutfrachter Dieter Thomas Heck wurde auf der Frachterbahn im Stück verfrachtet. Schon lange gab es in der Kombüse kein Gemüse mehr, und so bekam Käpt'n Knut Skorbut. Reeder Ottfried von Rehkitz äußerte sich an der Reling wie folgt: Es kann nicht angehen, daß so ein Kahn nicht können kann, was ein Kanister auf dem Trampolin an Lebertran mit einer Trambahn versaufen kann. Seefahrt tuuuuuut! ... Not.

Wigalds Welt

Marseille

Nicht erst seitdem Eduard Zimmermann für Reiseschecks wirbt, gibt es auch im Ausland Verbrechen. Hier im historischen Hafenviertel von Marseille vermutet man den eigentlichen Brennpunkt des internationalen Verbrechens. Allein in dieser kurzen, unscheinbaren Hafengasse wurden im Januar 1995 siebzehn Menschen ermordet, 33 Millionärstöchter entführt, 652 blaue Lamborghinis in den Orient verschoben, 982 blaue Lamborghinis waren falsch geparkt und mußten abgeschleppt werden, 9211 Touristen aus aller Herren Länder wurde bei lebendigem Leibe die Perücke vom Kopf gestohlen. Es wurden ferner 7 563 383 Milliarden Francs an Steuern hinterzogen. Außerdem verschwand unter ausgesprochen mysteriösen Umständen ein Sack Frühkartoffeln im Nichts.

Ich werde in der nun folgenden Reportage mit Hilfe investigativer Recherchen ermitteln, was dran ist am Mythos von Marseille als der Hauptstadt des internationalen Verbrechens.
(Er sieht sich um.)
Aber ich trau mich nicht. Zurück ins Studio.

Zentrum des Verbrechens

Frühkartoffelschmuggel in Frankreich

Besonders die kolumbianische Frühkartoffel wird in Südfrankreich gehandelt. Die potenteste Subart der Knollenfrucht wird in den Rapunzelfeldern vor Porona bei Bogota angebaut. Die kolumbianischen Behörden müssen hilflos zusehen, wie große Mengen des Todesgemüses Tag für Tag nach Europa verschifft werden. Die Beamten stehen an den Rändern der Kartoffelfelder und schütteln den Kopf, während die Drogenfürsten sie entweder mit Geld zum Schweigen bringen oder mit selbstgebastelten Autobomben in die Luft sprengen. Doch all das hilft nichts! Straßenpreise von über zwei Kilo Staudensellerie bezahlen Erdäpfelabhängige inzwischen für einen Sack südamerikanischer Frühkartoffeln.

Die Kartoffeln werden geschält und auf einem Löffel über einer Kerze verflüssigt. Danach benutzt der bedauernswerte, zumeist blonde Kartoffeljunkie eine extra dafür umfunktionierte Katheterspritze, um sich die explosive, klumpige Mixtur in die Vene zu drücken. Die Einnahme ist zwar völlig ungefährlich, macht aber eklige Knubbel und Beulen unter der Haut.

Literaturhinweise:
Biederstedt, Ludwig: "Gemüse selber angebaut", Fried-Verlag 1987
Freiherr von Rotenbruch, Willhelm: "Mein Leben als Nockenwelle", Artikel in "Haus und Hund", Juni 1914.

Kriminalität - Segen oder Fluch?

Fluch!

Literaturhinweis:
Franz, Eberhart: "Kriminalität - Segen oder Fluch?" Rocklam-Verlag, gekürzte Ausgabe, 1967

Marseille - Pfuhl der Sünde

"Du sollst nicht stehlen!" So steht es in der Bibel, allerdings ohne Ausrufezeichen, was die Wichtigkeit dieser Aussage höchst zweifelhaft erscheinen läßt. Auch die Bewohner von Marseille hielten sich von Anbeginn der Stadtgeschichte nicht an Gottes Gebot. Schon bei der Grundsteinlegung zirka 600 vor Christus wurde der Spaten gestohlen. 49 vor Christus stahlen die Römer die ganze Stadt und rückten sie einen halben Meter nach rechts (Osten), was dazu führte, daß viele männliche Marseiller das Pissoir nicht mehr trafen, was wiederum zur Geburt des, bis heute gehaßten, französischen Stehklos führte. Zur Zeit der Kreuzzüge (11. bis 14. Jahrhundert) war Marseille zu einem der größten Verladehäfen für Kreuzritter auf ihrem Weg ins Heilige Land geworden. Natürlich ließ deshalb das 20. Jahrhundert nicht lange auf sich warten. Noch heute sind die Nachwirkungen dieser Entwicklung in den engen Gassen der Altstadt zu spüren, an jeder Ecke stehen Prostituierte.

Literaturhinweise:
Schröder, Freimuth: "Was bitte haben Prostituierte mit den Kreuzzügen zu tun?", Bolschewik Verlag, 1918
Verne, Jules: "In achtzig Tagen um die Welt", Hat-zwar-nichts-damit-zu-tun-ist-aber-sehr-spannend-Verlag, 1873

Kasper von Eunburgen verläßt Marseille. Er starb wenige Wochen später an Syphillis in Antiochien.

Sado-Maso Game-Show

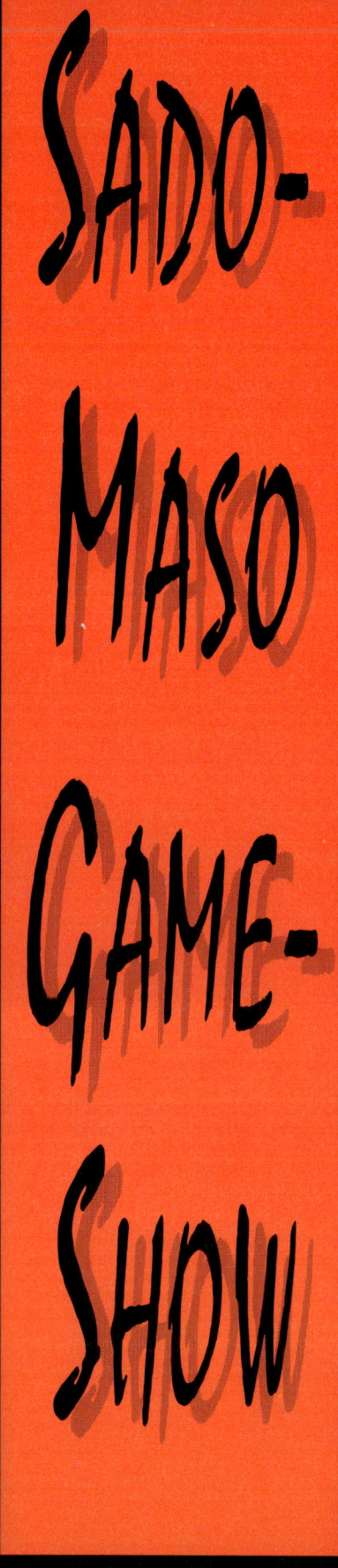

Natürlich gibt es auch in Deutschland etwas, das geheim im Untergrund schwelt: Die Sub-Kultur. Für viele, gerade im Ausland, vollkommen ohne Bedeutung, hat sich hier eine Bewegung gefestigt, die einerseits erschreckend, dann aber doch liebenswert versucht, eine neue Form des Lebens zu etablieren. In vielen Bereichen hat diese Lebensform bereits zaghaft Einzug gehalten. Sei es die Polizei, der Reitsport oder auch die moderne Schiffahrt, sie alle kommen nicht mehr ohne Handschellen, Peitschen oder Ketten aus. Der Sado-Maso-Kult ist nicht mehr aufzuhalten und fand seinen bisherigen Höhepunkt in der Ausstrahlung der ersten Folge der Sado-Maso-Game-Show mit DOMINO HERBERT. Es ist davon auszugehen, daß Sado-Maso in Zukunft in vielen Game-Shows anzutreffen sein wird, damit sich die Konzepte länger auf dem Markt behaupten können. Freuen Sie sich also auf "Das Lack- und Leder-Glücksrad", "Schmerz-Jeopardy" und "Geh aufs Ganze, auch wenns blutet". Vorbild für Game-Shows dieser Art war übrigens "Was bin Ich?": Dort wurden bereits vor mehr als 20 Jahren Masken benutzt, um die Sendung interessanter zu machen.

Stimme aus dem Off: HERZLICH WILLKOMMEN BEI „ZUR STRAFE", DER SADO-MASO-GAME-SHOW MIT DOMINO HERBERT.

Herbert: *Hallöchen. Hier ist wieder euer Domino (knallt mit der Peitsche und geht zu den Kandidaten). Und hier sind meine Kandidaten: Der Champion vom letzten Mal, der kleine Unbekannte. Sein Preis in der letzten Woche: Er durfte* Margarete Schreinemakers die Treppe runterschubsen und anschließend den Bänderriß operieren. Meine beiden neuen Kandidaten sind Vera und Gerd.

Herbert haut die Köpfe der beiden aneinander und geht zurück zu seinem Stuhl.

Herbert: *So, und nun zur ersten Fragerunde. Der Oberbegriff heißt FOLTER. Für jede richtige Antwort gibt es einen Punkt und zur Strafe einen Stromschlag. Für jede falsche gibt es nix. Seid ihr verkabelt?*

Die Kandidaten nicken und zeigen ihre rechten Arme. An den Unterarmen tragen sie kupferne Manschetten, von denen ein Kabel herabhängt.

Herbert: *Na gut, dann die erste Frage: Wer ist der schärfste Foltermeister in Deutschland?*

Gerd (haut mit seiner Hand auf den Kaktus und schreit): *Aaaaaaaa!*

Herbert: *Gerd hat als erster gedrückt.*

Gerd: *Berti Vogts. Der peitscht seine Jungs immer nach vorne, damit sie einen reinkriegen.*

Herbert: *Leider falsch. Leider kein Strom für dich, Gerd. Die anderen?*

Der Champion drückt auf den Kaktus und schreit.

Champion: *Aaaaaauuuu! - Karl Moik, weil der dafür gesorgt hat, daß ein Paar Lederhosen 9 Millionen Menschen gleichzeitig weh tun.*

Herbert: *Richtig, ein Punkt und einmal Strom für unseren Champion. Nächste Frage: Nennen Sie die zwei schmerzempfindlichsten Stellen am Körper und die schönste Schmerzerzeugungsmethode dazu.*

Der Champion zuckt derweil verzückt unter dem Stromschlag; Gerd drückt wieder als erster auf den Kaktus und schreit.

Gerd: *Aaaaaa! - ääh Hund, Katze, Maus, Elefant und äh, reiten?*

Herbert: *Das waren leider vier, Gerd. Und reiten tut nur weh, wenn man der Sattel ist. Raus!*

Gerd geht traurig ab; jetzt haut Vera auf den Kaktus und schreit.

Vera: *Aaaaaaua! - Erstens: die 2. Augenwimper von links. Die wird mit heißem Wachs beträufelt. Anschließend wird das Wachs dann mit Löschpapier und einem heißen Bügeleisen wieder entfernt. Zweitens: die Haut in der Achselhöhle. Die wird dann über Kreuz an der Haut in der Kniekehle festgetackert.*

Herbert: *Exakt richtig. Punkt und Strom für Vera.*

Vera zuckt entzückt unter dem Stromschlag.

Herbert: *Jetzt haben Vera und der kleine Unbekannte jeweils einen Punkt, und Gerd ist bereits ausgeschieden. Da ihr beide punktgleich seid, gibt es jetzt ein Stechen...*

Sofort holen beide ein Messer hinter ihrem Pult hervor und stechen sich selbst in den Oberarm. Vera ist schneller.

Herbert: *Oh, das ging schnell, ein Punkt für Vera, ein Peitschenhieb für Vera und ein Stromschlag für Vera. Klarer Fall für: Super-Vera!*

Herbert peitscht Vera. Beide schreien genüßlich.

Herbert und Vera: *Jaaaa!*

Der Champion holt eine Kerze samt Ständer unter seinem Pult hervor, zündet sie an und hält seine Hand darüber, dann schreit er.

Champion: *AHHHHHH!*

Herbert (erfreut)**:** *Ouh, der Champion setzt seinen Joker ein und erhält somit ebenfalls einen Punkt. Das heißt, wir haben Punktegleichstand. Die Schnellraterunde muß die Entscheidung bringen. Ihr habt 15 Sekunden Zeit, so oft wie möglich auf eure Bumper zu drücken. Wer am meisten drückt, hat gewonnen. Los.*

Vera schlägt unter lautem Schreien und Stöhnen dreimal auf ihren Kaktus, der Champion viermal.

Herbert: *War das etwa alles? So geht das!*

Herbert geht zu den Pulten und schlägt mit beiden Händen abwechselnd sehr oft auf die Kakteen, dabei stöhnt und schreit er.

Herbert (triumphierend)**:** *Jaaaahhhh. Damit bin ich Sieger.*

Vera und der Champion applaudieren.

Herbert: *Und als Preis wähle ich die Vierteilung. Das wird schön. Ja, schalten Sie auch nächste Woche wieder ein, wenn es heißt:*
Herbert ist tot!!!

Stefan & Mirco

Einschaltquoten

Mirco: Haben wir eigentlich viele Zuschauer?

Stefan: Letzte Woche hatten wir fast 23% aller Fernsehzuschauer.

Mirco: Ist das viel?

Stefan: Das ist fast jeder vierte.

Mirco: Jeder vierte von was?

Stefan: Diese 1,65 Millionen sind in ganz Deutschland verteilt.

Mirco: Ja, sicher. Sonst wär's auch etwas zu eng. Aber die besuchen sich doch ab und zu?

Stefan: Die kennen sich doch gar nicht.

Mirco: Ich denke, das sind Freunde!

Stefan: Das sind keine Freunde! Das ist unsere Quote! Die Zahl der Zuschauer, die unser Programm gesehen haben. Das ist wie bei Wahlen.

Stefan (zeigt vier Finger)**:** Guck mal. Das sind vier Zuschauer. Davon hat einer unsere Sendung gesehen.

Mirco: Und wie hat es ihm gefallen?

Stefan: Das weiß ich doch nicht!!!

Mirco: Na, frag ihn doch.

Stefan: Ich kenn ihn doch gar nicht.

Mirco: Ach so, er hat geschrieben - wie nett.

Stefan: Das ist doch prozentual gemeint. Dieser eine steht für 1,65 Millionen.

Mirco: Der hat aber eine Menge Freunde!

Mirco: Wie bei Wahlen?

Stefan: Ja, ein Wahlergebnis ist auch eine Quote.

Mirco: Ach, deshalb finden Wahlen immer am Sonntag statt.

Stefan: Wieso das denn?

Mirco: Na, am Quotensonntag.

Stefan: Du meinst den Totensonntag. Das ist was ganz anderes. Da denkt man an die Toten.

Mirco: Ja, ja, die Einschalt-Toten.

Stefan: Wir reden nicht von Toten, sondern von der Zahl unserer Zuschauer.

Mirco: Woher weiß man die überhaupt?

Stefan: Um die zu ermitteln, wird in ganz Deutschland eine bestimmte Zahl von Zuschauern beobachtet.

Mirco: Heimlich von der Polizei?

Stefan: Nein. Offziell. Mit Geräten in den jeweiligen Haushalten.

Mirco: Mit Haushaltsgeräten???

Stefan: Quatsch. Mit einem Gerät am Fernseher. Wenn du den Fernseher anmachst, wird das registriert.

Mirco: Und wenn meine Freundin ihn anmacht?

Stefan: Dann wird das auch registriert.

Mirco: Woher kennt der Fernseher meine Freundin?

Stefan: Durch eure Nummern!

Mirco: Durch unsere Nummern?

Stefan: Ja, sicher.

Mirco: Hat der uns etwa dabei beobachtet?

Stefan: Unsinn. Ihr habt doch einen Code.

Mirco: Ja, und???

Stefan: Den müßt ihr vorher eingeben.

Mirco: Also, nee, Stefan!! Solche Sauereien machen wir nicht!!

Stefan gibt genervt auf...

SOMMERZEIT

Stefan: Heute nacht geht die Sommerzeit zu Ende, Mirco, da kannst du eine Stunde länger schlafen.

Mirco: Hä?

Stefan*:* Du hast heute nacht eine Stunde mehr.

Mirco: Woher weißt du, wann ich ins Bett gehe?

Stefan: Ganz ruhig, ich erklärs dir. Also: Bei der Umstellung auf die Sommerzeit fehlt dir in der Nacht eine Stunde.

Mirco: Mir fehlt nix!

Stefan: Doch. Nachts wird dir eine Stunde genommen.

Mirco (panisch): Mörder! Diebe!

Stefan: Quatsch. Du mußt doch nur die Uhrzeit verstellen.

Mirco: Ach so. Dann kommt der Dieb zu spät!?

Stefan: Nein. Du mußt deine Uhr umstellen!

Mirco: Aha. Damit der Dieb sie nicht findet? Ja, wohin stell ich sie nur?

Stefan: Mirco, nein. Du mußt einfach eine Stunde vorstellen.

Mirco geht in sich.

Stefan: Was ist denn?

Mirco: Na, ich stelle mir gerade eine Stunde vor.

Stefan: Nein! Du mußt die Zeiger deiner Uhr um eine Stunde vorstellen!

Mirco: Unsinn! Meine Uhr geht richtig.

Stefan: Mirco, bei der Sommerzeit wird doch eine Stunde weggenommen.

Mirco: Was - jedem?

Stefan: Ja, natürlich.

Mirco: Das ist das organisierte Verbrechen!

Stefan: Was?

Mirco: Also schön. Wenn sich keiner wehrt. Bitte. Dann stelle ich meine Uhr eben auch eine Stunde vor. (Will es tun.)

Stefan (schreit): Nein!

Mirco (ebenso): Nein!! Tu ich nicht!! Auf gar keinen Fall! Äh, wieso denn nicht?!

Stefan: Weil das doch nur für die Sommerzeit gilt. Die ist doch jetzt zu Ende! Heute nacht wird dir die Stunde zurückgegeben.

Mirco: Ach, guck mal! Hat man den Dieb also gefaßt?!

Stefan schlägt die Hände über dem Kopf zusammen und sie gehen ab.

Goldvolksmusikhitparade der volks

Grüß Gott, meine Damen und Herrrn, Servus die Burrschen und Servus die Maderrln!

Mei, was frreu ich mich, hierr in diesem schönen Buch dabeizusein mit meinerr beliebten heimataktuellen Goldvolksmusikhitparrade derr volkstümlichen Musikantenstadlvolksmusik! Fast frreiwillig habens das gemacht, die Prroduzenten. Ich mußte auch nurr einmal errwähnen, daß ich Bekannte in wichtigen Grremien habe und RRTL sonst die Sendelizenz los wäre! Mei, besonderrs frreu ich mich, daß auch alle meine Frreunde dabeisein dürrfen: Herr Josef Kalbsbrrust, derr Bürrgerrmeisterr von Oberruschi, im Herrzen derr bayerrischen Gebirrgsrregion. Err präsentierrt uns sein schönes Gedicht "Derr Berrg"! Fürr mehrr Spaß an derr Volksmusik gibt es einen Schuhplatteltanzkurrs mit unserrem schwulen Schuhplattlerr Detlev Marria Huberr aus Plattling! Und die Musik soll natürrlich auch nicht zu kurrz kommen, dafürr sorrgt das Trrio Duo mit ihrerr Hitsingle vom letzten Grrant Prrie "Derr Fleischhauerr von St. Michael"! Bevorr ich mich verrabschieden darrf, möcht ich Ihnen noch ein kleines Kalenderrsprrücherrl mit auf den Weg geben: "Tote Hühnerr in den Ställen gibt im Frühjahrr Salmonellen!" Ein krräftiges Busserrl und Serrvus miteinanderr!
Ihrre

Creszenzia Brennholz

Der Fleischhauer von St. Michael
(Mit Noten zum Mitsingen)

Hinterm Stall dort bei der Lin - de traf er sie zum Stell - dich - ein

und mit seinem scharfen Mes - ser stach er sie ins Herz hin - ein

und dann schnitt er ihr ein Ohr ab und das halbe lin - ke Bein

und aus ihrem Mittelfin - ger schnitzt' er sich ein Kreuz - e - lein

Anm. d. Red.: Leider sind unserer Druckerei wegen der Festschrift zum 150jährigen Bestehen des Männergesangsvereins "Concordia Kalscheuren" die Noten ausgegangen. Wir hoffen, diese bei der nächsten Auflage nachreichen zu können. Kaufen Sie sich deshalb bitte in ein paar Tagen noch ein Buch!

ümlichen Musikantenstadlvolksmusik

Der Berg
von Bürgermeister Josef "Sie-dürfen-Sepp-zu-mir-sagen" Kalbsbrust

Der Berg
Der Berg, er ruft:
Hallo, wer da?
Ich bin's, der Zwerg!
Der Berg:
Aha!
Zwerge passen nicht auf Berge
Sondern nur in Kindersärge!
Red kein' Mist, du blöder Berg,
Sonst gibt's Ärger mit dem Zwerg!

*Ausgezeichnet mit dem
Oberuschier Kulturpreis 1975/77
Auch als Buch erhältlich in
Uschis Bücherladen, Oberuschi*

Wir basteln uns ein rollendes R

Sicher haben Sie auch schon immer das tolle rollende R unserer beliebten Moderatorin Crescenzia Brennholz bewundert. Jetzt gibt es endlich das rollende R zum Selbermachen! Gleich hier und an dieser Stelle, und jetzt fangen wir an. Dafür benötigen wir eine rollende Ente aus original Zillertaler Fichte, am besten hergestellt in China. Die Ente locken wir unter einem Vorwand in die Küche. Dort schlachten wir sie und machen uns Peking-Ente à la Crescenzia. Auf die Rollen setzen wir nun ein großes R aus Oberuschier Brennholz, 80 Gramm, holzfrei. Hier unser Muster zum Ausschneiden:

Bitte 50fach vergrößern. Nicht vergessen: Anschließend wieder verkleinern, sonst geht der Buchdeckel nicht mehr zu! Schließlich verkleiden wir das rollende R mit Geschenkpapier und bewerben uns beim ZDF!
Da die Rollkonstruktion aus China stammt, gibt es noch eine einfachere Variante für alle, denen das R zu schwierig ist: Das lollende L. Dabei vorgehen wie oben, das L muß allerdings nicht wieder verkleinert werden, sondern dient als exklusive Buchstütze.

Schuhplatteln mit dem schwulen Schuhplattler Detlev Maria Huber aus Plattling

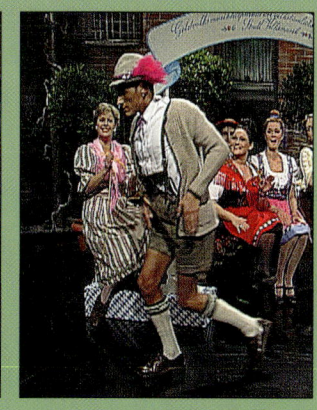

DER PREIS

"Wenn du in der Menge sitzt und dein Name aufgerufen wird, du runterstürmst und alle Preise aus dem neuen Quelle-Katalog im Kopf hast, das ist das beste Gefühl der Welt."

Jean-Paul Sartre

Begeisterte Zuschauer im Zuschauerraum jubeln aufgeregt, während der Vorspann läuft. Es sind Menschen wie du und ich. Wir meinen ihre Namen zu kennen, was an den lustigen Schildern liegen mag, die auf der Brust jedes einzelnen kleben.

Walter: *Willkommen bei "Der Preis ist heiß!" Die Show mit den phantastischen Preisen. Und das sind unsere Kandidaten! Wilfried Schröder, Sie sind dabei!*

(Applaus)

Walter: *Wilfried S., er überfiel die Freibank Erfurt und flüchtete dann unerkannt. Bis heute hat ihn die Polizei nicht erwischt. Mit ihm spielt: Gerda Maier - Gerda, Sie sind dabei!*

(Applaus)

Walter: *Gerda M. aus Oberhausen zerstückelte ihren Mann auf brutalste Weise und schaffte es, damit eine Woche lang auf die Seite 1 der Bildzeitung zu kommen! Unsere dritte Kandidatin ist Heike Pichel. Heike, Sie sind dabei!*

(Applaus)

Walter: *Heike P. ist Kassiererin!*

(Kein Applaus, das Publikum buht statt dessen.)

Walter: *Aber sie hat schon mal daran gedacht, ihre Schwiegermutter umzubringen!*

(Das Publikum jubelt.)

Walter: *Und hier ist Harry Wijnvoord!*

Kamera zeigt die Tür, nichts passiert, dann schwenkt die Kamera wieder durch das Publikum, findet Harry. Harry (auch mit Namensaufkleber) kommt heruntergestürmt.

Harry (mit holländischem Akzent): *Danke, Walter. Das können Sie jetzt gewinnen, wenn der Preis stimmt.*

Walter: *Eine neue Niere! Diese Spenderniere wurde bereitgestellt von Peter Achtmann aus Berlin. Ein Traum für jeden Dialyse-Patienten!*

Dabei präsentiert ein Model die Niere, die in einem Koffer auf Eis liegt.

Harry (mit holländischem Akzent): *Wilfried, was denken Sie - was kostet diese Niere?*

Wilfried (beugt sich zum Mikro vor): *6000 Mark.*

Harry: *Gerda, Ihr Tip?*

Gerda (beugt sich zum Mikro vor): *8000 Mark.*

Harry (mit holländischem Akzent): *Heike, unsere Kassiererin, was meinen Sie?*

Heike: *Äh?* (sie dreht sich nach hinten), *Helga, wat kost' denn diese Woche en Pfund Niere?*

(Aus dem Publikum eine Stimme.)

Helga: *Is im Angebot! 3 Mark!*

Heike: *3 Mark!*

Harry (mit holländischem Akzent): *Heike sagt: 3 Mark. Und der von uns gesuchte Preis ist 8500 Mark! Gerda ist am nächsten dran, kommen Sie zu mir. Walter wird uns jetzt sagen, was Sie gewinnen können.*

Walter: *Gerda, Sie haben Ihren Mann umgebracht, da wird Ihnen dieser Preis bestimmt viel Spaß machen: Ein neues Messerset!!!*

(Applaus)

Walter: *Das 28teilige Messerset aus dem Hause WWF ist aus hochwertigem, rostfreiem Edelstahl. Durch den patentierten Doppelsägeschliff können Sie kinderleicht ganze Gliedmaßen abtrennen. Und die Messer halten mindestens ein Leben lang. Das Messerset hat einen Wert von 169 Mark.*

IST HEISS! ★

Währenddessen streicht die Hand des Models über die Klinge. Beim Messerset steht das gelbe Preisschild.

Harry (mit holländischem Akzent): *Und wir spielen jetzt das Spiel "Welche Farbe hat das Preisschild?" Dabei müssen Sie uns sagen, welche Farbe das Preisschild hat.*

Gerda: *Welches - das gelbe?*

Harry (mit holländischem Akzent): *Genau. Sie haben drei Versuche.*

Gerda (zögert kurz): *Hmm - gelb?*

Harry (mit holländischem Akzent): *Super, Sie haben gewonnen und sind damit im Superspiel! Walter, wir brauchen einen neuen Kandidaten.*

Walter: *Peter Richter, Sie sind dabei!*

(Kamera schwenkt durch die Zuschauerreihen, bis sie den Kandidaten erfaßt hat.)

Walter: *Peter Richter kommt aus Trier. Er hat schon in 3574 Spielshows gewonnen - mal sehen, wie es heute wird!*

Harry (mit holländischem Akzent): *Walter, was können unsere Kandidaten in dieser Runde gewinnen?*

Walter: *Eine geheime neue Identität!*

Model zeigt eine Perücke und eine Nase.

Walter: *Der Gewinner heißt ab sofort Friedhelm Jansen, wohnt in der Nelkenstraße Nummer 15 in Leverkusen und arbeitet als kaufmännischer Angestellter bei Bayer!*

Die Kandidaten freuen sich, Heike allerdings etwas verhalten.

Heike: *Gibt es das auch als Frieda Jansen?*

Harry (mit holländischem Akzent): *Bestimmt, Heike! Was glauben Sie, was der richtige Preis ist?*

Heike: *Ich sag mal: 3500 Mark!*

Harry (mit holländischem Akzent): *Wilfried, was meinen Sie - was kostet eine neue Identität?*

Wilfried: *Ja, so Fremdwörter sind immer teuer! 9000?*

Harry (mit holländischem Akzent): *So, und nun zu Peter - bevor Sie Ihren Tip abgeben, habe ich kurz eine Frage. Sie haben schon 3574 Spielshows gewonnen. Wie machen Sie das eigentlich?*

Peter: *Na ja - ich habe hier eine Handgranate, und wenn ich nicht in das Superspiel komme, dann werfe ich die ins Publikum.*

Er hat eine Handgranate hervorgeholt und zieht den Sicherungsring.

Harry (mit holländischem Akzent reagiert blitzschnell): *Und damit sind Sie im Superspiel! Das haben Sie toll gemacht!*

Harry haut Peter beim Stichwort "toll" auf die Schulter, dabei fällt diesem die Granate aus der Hand. Sie kullert auf den Boden. Alle schauen entsetzt zur Granate.

Explosion. Der Bildschirm wird schwarz. Text wird gleichzeitig vorgelesen:

Off-Sprecher (reißerisch, über Musik): *Sie sahen die letzte Folge von "Der Preis ist heiß"! Übrigens: Harry Wijnvoord hat gerade in nur zwei Sekunden 80 Kilo abgenommen!*

Wie Kristiane Kacker zu Samstag Nacht kam

Ich weiß noch ganz genau, wie sie zu uns kam. Wer könnte solch ein Ereignis wohl vergessen. Das wäre fast so, als würde Tatjana Swodjredina, Putzfrau im Atomkraftwerk von Tschernobyl, den Tag vergessen, an dem sie beim Staubwischen aus Versehen an diesen roten Hebel stieß. Nein, Kristiane Kackers Ankunft wird für immer die Gedächtniswindungen meines Restgehirns durchlaufen. Daß es ein besonderer Tag werden würde, wußte ich schon am Morgen, als ich aufstand, um wie gewohnt durch die Sammlung leerer Whiskyflaschen zur Toilette zu kriechen und zu kotzen. Die Whiskyflaschen waren weggeräumt, die Toilette von den Resten der Woche gereinigt. "Hoppla!" dachte ich, durch den hämmernden Schmerz, den die 12 Southern und die 18 Kölsch-Cognac in meinem Kopf verursachten. "Da hast du dir ja für diese Nacht was richtig Ordentliches aufgerissen", versuchte ich weiterzudenken. Ich verabschiedete mich von den sündhaft teuren Edelspaghetti mit Lachs, indem ich die Toilettenspülung betätigte, und fiel die Treppe runter, wo ich genau vor ihren lächelnden Füßen landete. "Du warst fantastisch, diese Nacht!" hauchte sie mir gemeinsam mit dem Duft von Colgates rotweißem Karieskiller entgegen und half mir auf den Stuhl vor eine Tasse Knallerkaffee. Ich nickte, zog meine Nase aus dem Kaffee und drückte ein Brötchen hinein. "Du warst auch sehr gut!?!" versuchte ich mich laut zu erinnern. "Was hast Du gesagt? Ich versteh kein Wort!", erreichte mein Gehirn. - Oh, Scheiße, ich hatte irgendwo mein Gebiß verlegt. Wie sollte ich das in dem Nebel, der sich morgens in meiner Wohnung ansammelt, jemals wiederfinden. Es gab nur einen Ort, wo es sein könnte. Gerade wollte ich losstürzen, um mir mein kleines Stück Würde wieder aus der Toilette zu ziehen, da hielt sie mir, scherzhaft damit klappernd, zwei Zahnreihen vor die rotgeränderten Augen. "asch isch ischt meinsch!", versuchte ich ihr klarzumachen. Das konnte nicht mein Gebiß sein. Es sah meinem zwar zum Verrecken ähnlich, aber dieses Gebiß hier war sauber. Glänzend sauber. Also zumindest so sauber, wie man ein Gebiß, das jeden Tag den Qualm von 80 Filterlosen an sich vorbeiziehen lassen muß, kriegen kann. Sogar das Entenfleisch von vorletzter Woche war verschwunden. Ich probiere es, und tatsächlich: Es paßte. Zumindest so gut, wie ein Gebiß passen kann, das man auf einer Bahnhofstoilette gefunden hat.

Kristiane Kacker

Ich lächelte sie an. Sie erschrak, lächelte dann aber zurück. Während ich versuchte, mein Frühstücksei zu treffen, bekam ich von ihr die Rechnung für diese Nacht. "Sag mal, das hat dir doch gefallen, was ich mit dir gemacht habe, oder?" - Ich tastete mit einer Hand meinen Rücken ab und nickte. Die zentimeterbreiten, verkrusteten Striemen auf meinem Rücken ließen darauf schließen, daß es mir gefallen haben mußte. Ihr verständnisvolles Lächeln sagte mir, daß ich endlich das Ei getroffen hatte. "Ich hab doch alles getan, was du wolltest, oder?" Sie wollte also wirklich, daß ich mich an diese Nacht erinnerte. Zwecklos. Aber meine wundgescheuerten Handgelenke sagten mir, daß sie wohl alles getan hatte, was ich wollte. Also nickte ich, während ich versuchte, mit dem Zeigefinger das weichgekochte Ei von der Wachstischdecke auf meinen Löffel zu schieben. Es gelang mir, und ich führte den zitternden Löffel zum Mund. Etwas Eigelb tropfte auf mein Brusthaar, vermischte sich mit einigen Schweißtropfen und glitt dann hinunter auf meinen Latexslip. Sie bemerkte es und leckte es weg. Dann rückte sie endlich mit der Sprache raus. "Eigentlich bist du jetzt an der Reihe, mir einen Gefallen zu tun. Weißt du, ich hab da nämlich eine kleine Schwester, die ist wirklich sehr talentiert..." - Fuck, ich hatte wieder mal mit meinem Job beim Fernsehen angegeben. Sehr hilfreich bei Frauen, zieht jedoch manchmal unangenehme Konsequenzen nach sich. So, wie in diesem Fall. Sie ging mir eindeutig auf den Geist. "Sie soll heute nachmittag um drei in mein Büro kommen!" rief ich ihr nach, während ich ihr meinen Fuß auf die Brust setzte und sie nach hinten stieß. Dann stand ich auf, zündete mir die letzte Filterlose an, sah noch mal zu ihr hinunter und meinte: "Aber nur, wenn du auch die Fenster putzt, klar?" Sie nickte, und ich ging ins Bad, um mir eine mittlere Dusche zuzuziehen. Als ich die Wohnung verlassen wollte, überkam mich dann doch so eine Art Mitleid. So, wie es mich immer überkommt, wenn ich mit Menschen zu tun habe, die nicht so begnadet sind, um einen Job beim Fernsehen zu bekommen. Ich drehte mich also noch mal um und fragte sie: "Wie heißt du eigentlich?" - Sie faltete das Fensterleder zusammen, lächelte mir von der Leiter zu und flötete: "Rudi..." - "Rudi???", durchfuhr es mich. - "Ja", meinte sie, "Rudi Kacker. Darf ich übrigens deinen Rasierapparat benutzen?" Wortlos verließ ich die Wohnung, schleppte mich zum Lift, fuhr in die 18. Etage und stürzte mich vom Dach. Dann ging ich zur Arbeit. Die Zeit bis zum Nachmittag verging recht schnell. Zwei Stunden sind nichts, wenn man soviel zu tun hat wie ich. Ich verteilte die Post und ein paar Komplimente an die Redaktionsassistentinnen, holte wie immer die Pizza für alle, putzte die Küche und durfte sogar das Büro des Produzenten aufräumen. Und da war wieder so ein Zeichen, daß dies ein besonderer Tag werden würde. Während ich die Asche um den Stuhl des Produzenten herum aufwischte, schien er mich zum ersten Mal zu bemerken. Klar und deutlich hörte ich ihn sagen: "Kannst du nicht woanders saubermachen, Junge? Du siehst doch, daß ich zu tun habe. Hier wird Fernsehen gemacht. Kunst. Kultur. Unterhaltung. Wer bist du überhaupt?" Das war meine Chance. Schnell stellte ich mich vor. Erzählte ihm, daß ich seit drei Jahren für ihn Kaffee koche, Pizza kaufe und die Papierrollen auf der Toilette auswechsle. Dann begann ich, meine Komposition vorzusingen, stolperte nur einmal beim Kasatschok und zog danach meine revolutionäre Idee für eine neue Show aus der Tasche. Auf einer großen Tafel stehen Antworten zu Fragen, die die Kandidaten stellen müssen, wenn sie das Wissensgebiet angewählt haben oder so ähnlich. Das schien ihn dann endlich zu interessieren. Er legte nämlich den Telefonhörer beiseite und sagte: "Herein!" - Oh, Scheiße, es hatte geklopft. Jetzt hörte ich es auch. Verdammt, das ist diese... diese, wie hieß sie noch? Die Schwester von Rudi. Ouuuuh, die Haare stellten sich mir auf bei dem Gedanken an Rudi Kacker. Dumpf hörte ich, wie sich die Tür des Produzentenbüros öffnete, und dann, glockenklar, vernahm ich diese wundervollen Worte zum ersten Mal: "Well, hello and welcome to Emtiewies ›Greatest Hits‹, ähä, hä, hä!" Es war die süßeste Stimme, die jemals meine tekknogeschädigten Gehörgänge durchdrungen hatte. Ich mußte die zugehörige Frau sehen. Aber ich steckte fest. Ausgerechnet jetzt. Ich geriet in

Panik und wälzte mich auf dem Boden. "Wer sind Sie denn?" hörte ich den Produzenten freundlich schleimen.
"Well, mein Name ist Kristiane, Kristiane Kacker!"
Endlich - mit immenser Kraftanstrengung riß ich mir das verdammte Hasenkostüm vom Leib. "Ich bin Siggi, der von Rudi, hö, hö!" rief ich ihr freudig entgegen. Dann sah ich sie und wußte, daß diese Frau eine Riesenkarriere im Fernsehen vor sich hatte. Feuerglühende Haare, feuerversprechende Augen und feuerrote Haut. Der Produzent gab ihr Feuer, bat sie, sich auf die Couch zu legen und wischte mich mit einer Handbewegung vor die Tür. Die Tür fiel ins Schloß, und ich hörte mich schreien: "Meine Entdeckung. Das ist meine... meine Entdeckung!" Eine Kollegin, die mich zu kennen schien, reichte mir ein Taschentuch. Ich konnte die Freudentränen nicht mehr zurückhalten. Ja, heute war ein ganz besonderer Tag. Ich war zum ersten Mal beim Produzenten drin, und ich habe sie entdeckt. Kristiane Kacker, Deutschlands bekannteste einzige EmTieWie-Moderatorin. Meine Entdeckung.
Was daraus wurde, wissen Sie ja alle. Ich seh sie übrigens fast jeden Tag, wenn ich ihr den Kaffee in die Garderobe bringe. Einmal hat sie mir schon zugelächelt. Oh, es ist einfach toll, beim Fernsehen zu arbeiten. Ach ja, seitdem bin ich übrigens öfter beim Produzenten drin. Und Rudi kommt zweimal die Woche putzen.

"15 - Null"

"Aus!"   "30 - Null"

"Netz!"   "30 - 15"

"30 beide"

"30 - 40"

"Einstand"

"Vorteil Schumann"

"Warum schaust du eigentlich die ganze Zeit in die andere Richtung?"

"Ich bin fünf Minuten zu spät gekommen"

Szenen einer Ehe

Trautes Heim - Glück allein. Wo sonst kann man sich zurückziehen, sich anlehnen und ausruhen. Auf diesen Hort des Friedens und der Liebe möchte auch RTL Samstag Nacht gerne hinweisen und zeigen, wie schön diese Welt sein kann. Aber genug der Vorrede, wenden wir uns nun der schönsten Seite des Lebens zu, dieser Institution, wo Männer noch Männer sind und Frauen am Herd: der Ehe.

Mann: *Liebling, mußt du heute noch waschen?*

Frau: *Ja, hatte ich vor.*

Mann: *Würdest du wohl dieses Hemd mitwaschen, ich brauche es morgen.*

Frau: *Sicher, kein Problem.*

Er gibt ihr das Hemd. Sie sieht sich den Kragen an.

Frau (wie selbstverständlich):
Oh, da ist ja Lippenstift dran.

Mann: *Wirklich? Wo soll der denn herkommen - wir haben uns doch seit Monaten nicht mehr geküßt?!*

Frau: *Dann ist das bestimmt von einer Geliebten!*

Sie legt das Hemd in einen Wäschekorb, greift zum Eispickel und hackt aus einem Eisblock Eisstücke heraus.

Mann (amüsiert):
Von wem?

Frau: *Na, von der, die ich Dienstag besucht habe!*

Sie hackt heftig mit dem Eispickel.

Mann (entsetzt):
Du warst bei ihr?

Frau (bleibt ruhig):
Ja, eine schöne Frau. Hätte ich dir gar nicht zugetraut. Wir haben uns auch sehr nett unterhalten. Übers Kochen, übers Bügeln, was ihr so gemacht habt zusammen - ich wußte gar nicht, daß du so gut mit dem Staubsauger umgehen kannst!

Mann (hüstelt geschmeichelt):
Das hat sie dir erzählt?!

Frau: *Klar. Wir saßen da so nett bei Kaffee und Kuchen, und dann habe ich ihr den Eispickel in die Rippen gestoßen.*

Sie rammt den Eispickel in den Eisblock. Er starrt sie entsetzt an.

Frau: *Zwölfmal. Genau so viele Jahre sind wir verheiratet. Nicht wahr, Schatzi?*

Mann (entsetzt):
O Gott! Zwölf Jahre sind das schon?!

Frau (beachtet ihn nicht):
Du kannst dir gar nicht vorstellen, wie die geblutet hat! Eine Riesenschweinerei! Das Blut ist quer durchs Zimmer gespritzt! Und irgendwann lag sie tot da. Ja, und dann bin ich auch gegangen.

Sie steht auf, nimmt den Wäschekorb und stellt ihn auf die Waschmaschine.

Mann (stammelt):
Meine Melanie...?!

Frau: *Nein, das war deine Julia!*

Mann (erleichtert):
Ach, Julia! Mit der wollte ich sowieso Schluß machen!

Frau: *Aber, bei Melanie war ich heute - deshalb muß ich ja waschen!*

Sie zeigt ihm einen blutverschmierten Pullover aus dem Wäschekorb.

ZWEI STÜHLE

Hallihallo und herzlich willkommen zu unserer aktuellen Talkrunde. Das Top-Thema der Woche heißt: Können Frauen Männer am Arbeitsplatz sexuell belästigen, erpressen und womöglich sogar vergewaltigen? Anlaß für diese Diskussion ist der Film "Enthüllungen" mit Demi Moore, Michael Douglas und Günter Strack. Zu Gast bei uns im Studio ein Fachmann, der sich schon aus beruflichen Gründen seit vielen Jahren mit den Beziehungen zwischen Mann und Frau beschäftigt.
Aus Hamburg-St. Pauli:

Mike Hansen

Boning: Herr Hansen, wir haben uns ja lange nicht gesehen. Wie gehts?

Hansen: Na, besser als du aussiehst, du Suppentrulli.

Boning: Was machen Sie beruflich zur Zeit?

Hansen: ...

Boning: Herr Hansen...

Hansen: Ja, ich denk nach...

Boning: Ah ja, Sie werden ja wohl noch wissen, was Sie für einen Beruf haben?

Hansen: Ja, ich bin Kaufmann, nun komm zum Thema, Mann. Mein Gott, Mann.

Boning: Sie haben also einen Betrieb, in dem auch Frauen arbeiten, nicht wahr?

Hansen: Ja selbstverständlich.

Boning: Wie viele arbeiten da?

Hansen: Alle - außer ich.

Boning: Hahahaha. Wenn Sie das so formulieren, dann könnte man den Eindruck gewinnen, daß Sie auch eine Frau sind... Hahahaha!

Hansen: Vorsicht, Vorsicht, Vorsicht. Du spielst mit deiner Rente, mein Junge!

Boning: Herr Hansen, Sie sind also Geschäftsführer?

Hansen: Ja klar, mir gehört der Laden.

Boning: Was machen Sie da genau?

Hansen: Ich regel das Finanzielle.

Boning: Wie sieht Ihre Tätigkeit denn da so aus - Ihr Tagesablauf?

Hansen: Geld zählen... Ja, das, was du nicht kennst.

Boning: Herr Hansen, sind Sie denn schon mal am Arbeitsplatz von einer Frau belästigt worden?

Hansen: Mhh, da ist doch gar kein Platz für.

Boning: Ist denn Ihr Arbeitszimmer so klein?

Hansen: Das is ne Corvette, die hat 280 PS und nur zwei Sitze.

Boning: Ja, die hat ja immerhin einen Beifahrersitz - da könnte doch mal so eine Frau von der Seite so kutschi, kutschi...nicht, Hansi ... wär ja möglich, theoretisch?

Hansen: Hehehe, auf meinem Beifahrersitz, da sitzt nur mein Rottweiler ... kapiert?

Boning: Ja, mhh, kommen wir mal zur Grundfrage des heutigen Abends: Ist es denn Ihrer Meinung nach theoretisch möglich, daß eine Frau einen Mann vergewaltigt?

Hansen: Wie soll denn deiner Meinung nach das in der Praktik aussehen, du armer Willi?

Boning: Also, ich halte mich jetzt mal an die Darstellung in diesem Film. Eine Frau nutzt also das latent vorhandene Zärtlichkeitsbedürfnis eines Mannes dazu, am Arbeitsplatz unter Anwendung optischer Reize und unter Androhung beruflicher Nachteile ein sexuelles Handlungsbedürfnis zu ernötigen.

Hansen: Ja, also, das ist ja toll. Weißt du, Meister, ich hab schon wieder sooo nen Hals. Du redest schon wieder so eine gequälte Scheiße. Du armer Willi. Weißt du, der einzige, wenn überhaupt hier irgend jemand vergewaltigt worden ist, dann bist du das, aber von Onkel Doktor Gehirnchirurg, weißt du... Was ihr Kasper vom Fernsehen euch alles einfallen laßt, damit so ein paar arme Willis sich hier die alberne Show angucken. Alles an den Haaren herbeigezogen: Frauen vergewaltigen die Männer oder erpressen sie irgendwie mit Sex und all so nen Quatsch. Wie stellst du dir das denn überhaupt vor? Du hast doch überhaupt keine Ahnung, du Suppenkasper! Meinst du, wenn ich nach Hause komme, sagt meine Tussi: Heute kriegst du nix zu essen und dann krieg ich een Rohr oder wat? - Also, ich will dir mal was sagen. Das ist doch alleine schon jetzt rein vom Physikalischen her: Frauen haben doch gar nicht den Grips und die Power, so was durchzuziehen - weißt du, das is doch jetzt so wie wenn du mir erzählst, wenn ich mit meiner Corvette mit 280 über die Autobahn fahr, weißte, dann überholt mich lässig ein Fiat Panda. Vergewaltigung, das ist eine reine Männerdomäne - da hat die Frau überhaupt nichts zu suchen!

Boning: Herr Hansen, Ihrer Meinung nach benötigt man für solch eine Tat schon mindestens Ihre intellektuellen und physischen Qualitäten?

Hansen: Ja, selbstverständlich. Ich mein, das hab ich natürlich nicht gesagt...!

Boning: Das war "Zwei Stühle - eine Meinung". Bleiben Sie dran, ich pfeif auf Sie!

EINE MEINUNG

Hansen prügelt wild auf Wigald ein und muß rausgezerrt werden.

ZWEI STÜHLE

Hallihallo und herzlich willkommen zu unserer aktuellen Talkrunde. Die Filmkunst feiert in diesem Jahr ihren 100. Geburtstag. Grund für uns, einmal die Frage zu stellen: Hat der Deutsche Film überhaupt noch eine Chance? Diese Frage beantwortet uns heute Deutschlands führender Filmkritiker, hier ist

Hajo Schröter-Naumann

Boning: Herr Schröter-Naumann, Sie sind Cineast aus Leidenschaft, Sie sind Theater- und Filmkritiker und Journalist, stellen Sie sich doch kurz mal selber vor.

Schröter-Naumann: Schröter-Naumann schreibt für die FAZ, für die Süddeutsche Zeitung, für den Spiegel, für den Stern gelegentlich, Schröter-Naumann sitzt im Aufsichtsrat der Oldesloher Filmfestspiele, der Schröter-Naumann hilft auch mit bei der Vergabe des Bundesfilmförderpreises, na ja und so weiter, und so weiter...

Boning: Wie alt sind Sie?

Schröter-Naumann: Wim Wenders hat mindestens einmal über mich gesagt: Na ja, der Schröter-Naumann kann auf ganz zauberhafte Weise einen Film nicht nur sehen, er sieht den Film nicht nur, er sieht im Film nicht nur zu, er sieht nicht nur hin, der Schröter-Naumann begreift den Film in seinen Einzelteilen nicht nur als Film, sondern der Schröter-Naumann sieht den Film als Filmfilm.

Boning: Na ja, kommen wir mal zum Thema des heutigen Abends: Hat der Deutsche Film überhaupt noch eine Chance? Also, ich verstehe nicht soviel von Filmkunst, aber nehmen wir mal jetzt hier Schweinchen Dick. Kennen Sie diese tolle Szene da, wo Schweinchen Dick da von der Seite hereinkommt ins Bild, und da ist da dieser Tisch da mit der vielen Mettwurst, Schweinchen Dick frißt die ganze Mettwurst, wird immer dicker und dicker, und dann, bums, platzt Schweinchen Dick, und die ganze Mettwurst und alles fliegt in der Gegend rum.

Schröter-Naumann: Ja, da zeigt sich auf ganz typische Weise, wie das Lebensmittel als Transmitter, als transzendentale Art ... im Film, und das muß Film dürfen, einmal eine Funktion ausübt, die Botschaften trägt, einmal eine ... wie zum Beispiel bei einem Frühfilm von François Truffaut aus dem Jahre 48 in "La Baguette", wo ein Weißbrot einem armen mittellosen Pagen aus der Ukraine übergeben wird, der es einem hemmungslos liebenden Paar, das leider nicht zusammenkommen kann, bringen soll ... und das Weißbrot kommt am Ende auch an und sagt zu den beiden: ja.

Boning: Ja, na ja, kommen wir mal zum Thema des heutigen Abends: Hat der Deutsche Film überhaupt noch eine Chance? Nun verstehe ich ja nicht soviel von Filmkunst, aber, was habe ich da neulich gesehen: "Zwei Supernasen tanken doof". Ja, hier, hier... Mike und Tommy da auf so nem Motorroller, brausen da mit 80 Sachen so durch die Stadt, so brrrrr... und da ist dann da so ne Leitplanke, und dann donnern die da voll dagegen... Kracks! Die fliegen durch die Luft - und da ist da dieses Hafenbecken, und platsch! Gluck, gluck, gluck, gluck!

Schröter-Naumann: Ja, da zeigt sich ja - und ich bin Ihnen sehr dankbar für diese Fragestellung - da zeigt sich ja auf ganz unprätentiöse Weise die apokalyptische Idee im Film, und das muß Film dürfen, daß etwas abtaucht, daß etwas untergeht, wie zum Beispiel ein Frühwerk von Fritz Kreutner, "Atlantis", wenn Sie so wollen, eine ganze Stadt geht unter und jammert und sucht nach dem Sinn des Lebens, aber auch "Fitzcarraldo" von Helmut Kreutner mit dem lustigen und leider viel zu früh verstorbenen Klaus Kindskopf in einer Doppelrolle, ganz zauberhaft, und da

schließt sich der Kreis, ein wunderbares Handwerk... Ich komme ohne weiteres auf Ihre Fragestellung zurück. Ein wunderbarer Film, "Der Taucher", mit Hans Albers, ... und das ist ja gerade das Entscheidende im Film, daß der Taucher nicht nur abtaucht, daß er psychophysisch abtaucht, daß er ... rein körperlich abtaucht, nein, sondern daß er auch - und das muß der Film aussagen können, daß ein Gedanke durch das Wasser nach oben steigt und eine Botschaft dem Menschen darbietet, die einfach sagt: "Ich bekomme keine Luft."

Boning: *Na ja, kommen wir mal zum Thema des heutigen Abends: Hat der Deutsche Film überhaupt noch eine Chance? Nun verstehe ich nicht soviel* von Filmkunst, aber hier mein Lieblingsschauspieler Bud Spencer, kennen Sie den in "Steiner, der eiserne Schwanz", 1968, wo da so ein Hänger kommt? Oder "Zänga, Zoff und blaue Bohnen", wo er da diesem Torwart so mit der Faust voll eins in die Zähne marmelt, und der ist sofort, ... der kippt um, tot.

Schröter-Naumann: *Das ist ja genau der Punkt von dem ich gerade spreche. Das ist ja genau die Kardinalfrage. Film, Fern*sehen oder aber auch Theater, was ist Theater, das ist ja die Frage, wie weit darf Theater gehen, was darf Theater, was kann Theater heute? Zum Beispiel die Faust im Theater, Goethes "Faust"... oder aber auch die Gretchenfrage, die sich stellt: Faust, Faust, Faust, im Film "Faust im Nacken" mit Marlon Brando. Wenn Sie so wollen, der achtlos hingeworfene Handschuh, der Fäustling hingeworfen von einer armen Bauersfrau, in „Halla und die Kellerkinder" aus dem Jahr 1942, in einer Trilogie "Schwarz, weiß, grau und grün" von Ingemar Stenmark wunderbar dargestellt...

Boning: *Also, jetzt muß ich aber mal...! Wir gehen ja völlig am Thema vorbei, denn Kernthema ist ja doch: Hat der Deutsche Film überhaupt noch eine Chance? Mit der ganzen Quasselei kommen wir nun überhaupt nicht weiter. Wenn Sie sich jetzt mal ein bißchen kurz und bündig fassen wollen, also die Frage: Hat der Deutsche Film noch eine Chance?*

Schröter-Naumann: *Wim Wenders hat einmal gesagt, der, der, also der, der...*

Boning: *Halt, halt! Moment ein-*

EINE MEINUNG

mal... Herr Schröter-Naumann jetzt bitte nur vier Worte... Hat der Deutsche Film überhaupt noch eine Chance?

Schröter-Naumann: *Leck mich am Arsch!*

Boning: *Das war "Zwei Stühle - eine Meinung". Bleiben Sie dran, ich pfeif auf Sie!*

NEU

Am Sonntag hatte Mami wieder ein leckeres Frühstück gemacht.

Leider hatte Papi ausgerechnet dann einen Herzinfakt und fiel einfach um.

Das war eine Schweinerei! Blut-, Kaffee- und Schokocremeflecken! Aber mit **Kondula FUTUR** hat Mutti das prima wieder hingekriegt!

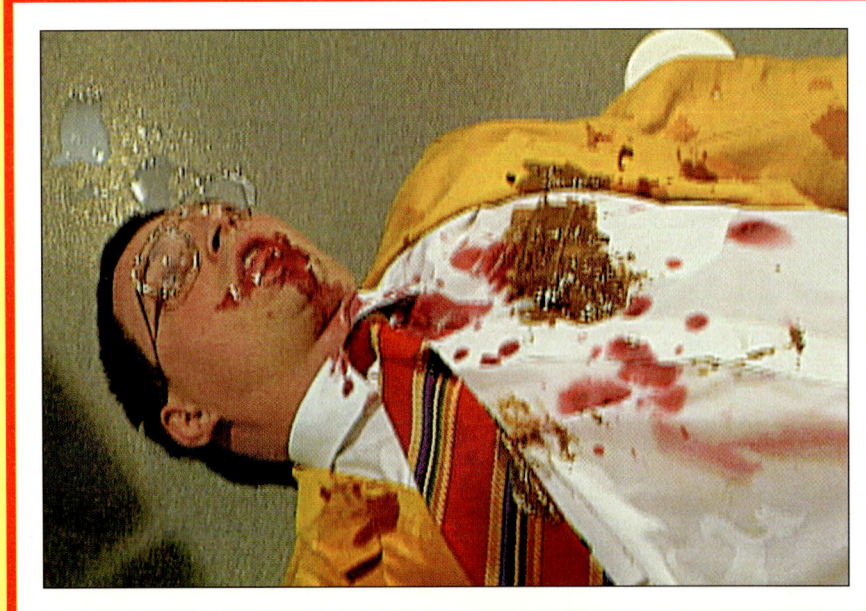

„Rahaar, Rahaar – laß Dein runter, Herr Punzel!"

Guten Tag, mein Name ist Professor Dr. Schwingkopf, und ich habe Tomaten auf den Augen.

Seit 30 Jahren leite ich die Klinik für Psychiatrie und Nautik in Köln. In all den Jahren hatte ich viele tragische wie auch bescheuerte Fälle. Ich möchte hier einen Patienten vorstellen, den ich seit 20 Jahren unter Vertrag habe.

Märchen-Man

Dieser ungewöhnliche Name gehört einem Hansdampf, der es verdient, ausführlich beschrieben zu werden. Es begann damit, daß vor 26 Jahren eine verwunderte Frau in Berlin ein angezogenes Kind zur Welt brachte.

Wir begegneten uns das erste Mal – ich kümmerte mich gerade um einen Patienten, der sich für einen Zuchtpudel mit Rasurbrand hielt –, als Märchen-Man sich zu uns setzte und auf seinem Akkordeon spielte. Am Tag darauf nahmen wir eine LP auf, und ich adoptierte ihn. Sein richtiger Name sei Mirco N., aber das entlarvte ich als Notlüge. In den folgenden Jahren waren wir wie Vater und Sohn. Ich schlug ihn in den Schlaf – er bekam seinen ersten Zahn. Ich gab ihm Wachsmalstifte – er blieb klein und schmächtig. Ich kürzte ihm das Taschengeld – er machte Urlaub mit einem Kindermörder

Es war einmal... Teewürstchen und Dosenbrot. Da geschah es, daß Teewürstchen Dosenbrot auffraß

auf Helgoland. Zu seinem sechsten Geburtstag schenkte ich ihm ein Pin-up-Poster von Helga Feddersen, und wir soffen uns die Hucke voll.

Für jemanden in seinem Alter vertrug er ungewöhnlich viel. Als er aufstand, rief er zickezacke, und ich rief: "Heu, heu, heu!" Wir hatten eine gute Zeit. So vergingen die Jahre.

Sein schlimmstes Erlebnis hatte Märchen-Man in der Pubertät: Er zählte gerade bis 100, als er im Wald einem nackten, blaßgelben Elefanten begegnete, der aus der Zukunft kam, um Märchen-Man zu zertrampeln, mit der Begründung, daß er später einen Sohn zur Welt bringe, der Großwildjäger wird.

In einer 6 Millionen Mark teuren Operation wurde ihm die rechte Hand durch einen Papageien ersetzt, der die Augen offenhielt, wenn er schlief. Er zog aus, um sich Gottes rechte Gunst erweisen zu lassen. - Ich vermißte ihn! In diesem Zustand der ungewollten Belustigung war es an der Zeit, sich einem guten Freund anzuvertrauen. Hier in der Gestalt eines jungen asiatischen Kohlenhändlers, der auf einem alten Piratenfriedhof lebte und dessen Name einen bitteren Nachgeschmack auf meiner Zunge hinterließ. In dieser depressiven Phase übernahm Märchen-Mans Unterbewußtsein die Kontrolle über ihn, und er faltete unter großen Schmerzen ein Papierboot. Damit machte er sich auf, die Welt zu entdecken. Einziger Begleiter war ein kleiner sprechender Haken namens Frank, den er an den Haaren herbeigezogen hatte.

Um zu überleben, nahm er es den Reichen und gab Küßchen oder jobbte als Komparse in Huckepack- und Rucksackfilmen. Er teilte sich mit nem Frosch ne Prinzenrolle und freute sich mit Fritz ne Katz. Er unterrichtete Armdrücken für Reiche und war hacke unter Nackedeis. Er fand heraus, daß Heidi nach Bergen riecht und küßte einen verschwitzten Zauberer. Er jagte mit Käptn Ahab B-Hörnchen und spielte mit Onkel Tom Jerry. Und als es ihm richtig schlecht ging, verdiente er sich ein kleines Zubrot mit dem Ausrufen wenig gegrölter Parolen und tötete sogar Meerschweinchen im eigenen Badezimmer - für Geld machte er alles.

Ich glaubte, ihn nie wieder zu sehen, da hörte ich von den Leuten in der Umgebung, daß ein seltsamer Bursche, den sie Märchen-Man nannten, zu uns in die Stadt komme. Eines Tages - ich streichelte gerade den Buckel der Nachbarstochter - da klopfte es an der Tür und ER stand da. Es war der schönste Tag meines Lebens.
Wir umarmten uns und tranken Bier. Er berichtete von seinen Abenteuern und Heldentaten, z.B.: ...wie er einen Seefahrer zerdrückte und mit einer Kartoffel zwei Jahre lang Urlaub machte.
Ich fragte mich: Wo ist der achte Zwerg? Was macht der Hustinetten-Bär um diese Zeit auf der Autobahn?

Wir tranken weiter, es wurde spät und wir voll. Beim Versuch aufzustehen, stolperte Märchen-Man, schlug lang hin und verschluckte meinen Camcorder. Zuerst leistete ich Erste Hilfe, indem ich sein Bein auspumpte, dann packte ich ihn am Hals und schleppte ihn und seinen Papierkutter zum nächsten Fernsehsender, wo ich ihn gegen DM 50,- eintauschte, denn mit dieser Angelegenheit wollte ich nichts mehr zu tun haben. Seit dieser Zeit ist er ein Star und schickt mir regelmäßig Tomaten zum Putzen...

Und so lebte es fett und vollgefressen, und wenn es nicht gefüttert wurde, dann isses bestimmt tot.

Das gibt der Spieß seinen Kameraden!

Endlich!

Schluß mit dem stundenlangen Rumhängen in der Mannschaftskantine. Jetzt gibt es:

Das ist Saufen und Umfallen in einem!

NEWS

+++ RTL Samstag Nacht +++
+++ Die Nachrichten. +++

+++ Mit Esther Schweins und Stefan Jürgens. ++
+++ Schönen guten Abend! +++

+++++ Immer mehr Deutsche kaufen sich Waffen. Ein Sprecher des Bundeskriminalamtes nannte den Grund: Die Leute haben Angst, weil sich immer mehr Deutsche Waffen kaufen. +++++

+++++ Wie der Focus berichtet, warten Verstorbene immer länger auf ihre Bestattung und müssen deshalb konserviert werden. Inge Meysel wartet jetzt schon 10 Jahre. +++++

+++++ Rudi Carrell wurde 60. Sein größter Wunsch: Friede auf Erden und den Menschen ein Wohlgefallen. Seine Urlaubsshow will er trotzdem weitermachen. +++++

+++++ Berlin-Besucher sollen eine Touristen-Steuer bezahlen. Das fordert die Berliner Tourismus-Gesellschaft. So will sie jährlich mehrere Millionen Mark einnehmen. Um illegale Besucher auszuschließen, soll die Stadt jetzt eine Mauer erhalten. +++++

+++++ Eine neue Kampfhundehalterverordnung soll in Nordrhein-Westfalen ab sofort für mehr Sicherheit sorgen. Dem Kölner Stadtanzeiger zufolge brauchen Kampfhund und Halter ein neues Zeugnis. Hier ein Auszug aus dem Zeugnis von Manni Wachulke, Essen-Borbeck, Besitzer eines Pitbullterriers:

Waden zerfleischen   2
Arm abreißen   2 minus
auf Kinderspielplatz kacken   1 plus
Bemerkung: Im letzten Fach wurde Manni nur noch von seinem Hund übertroffen. +++++

NEWS

+ + + + + BILD berichtete: Aids jetzt auch in Rußland. Am 4. Juni in St. Petersburg, am 6. Juni in Wladiwostock und vom 7. bis 9. auf dem Open-Aids-Festival in Moskau. + + + + +

+ + + + + In Holland wird jetzt ein Drive-In-Hasch-Café eröffnet. Die Kunden müssen nicht einmal aus dem Auto aussteigen, um das Haschisch entgegenzunehmen. Für die kleinen Kunden bietet der Betreiber etwas ganz Besonderes an: Die Junior-Tüte. + + + + +

+ + + + + Die BUNTE hat einen großen Bericht herausgebracht, der sich mit der Frage beschäftigt: "Wieviel Busen darf ein fremder Mann sehen?" Die Serie wird fortgesetzt mit der Frage: "Wie viele Eier darf eine fremde Frau in einen Rührteig schlagen?" + + + + +

+ + + + + Italienische Wissenschaftler haben herausgefunden, daß die 10 Gebote gar nicht vom Berg Sinai sind, sondern von Gott. + + + + +

+ + + + + Im nächsten Jahr wird ein Wunder passieren: Wolfgang Schäuble wird seinen Hut nehmen und gehen. + + + + +

+ + + + + Heute können wir einem ganz besonderen Geburtstagskind gratulieren: Das Aids-Virus wurde 10 Jahre alt. Nach seinen Wünschen für die Zukunft befragt, antwortete das Virus: Man will mir ja schon seit Jahren keine Chance geben, aber ich sehe meine Zukunft trotzdem positiv. + + + + +

+ + + + + In Hessen machten Archäologen einen Jahrhundertfund. Es handelt sich um das 2. Jahrhundert. Es ist fast komplett erhalten. Nur der 4. Mai fehlt. + + + + +

HILFS-POLIZEI FÜR MEHR

+ + + + + **Endlich dürfen sich Deutschlands Bürger selbst vor Verbrechen schützen. Die Zeitschrift Neue Revue berichtete von Deutschlands ersten Hilfspolizistinnen in Berlin-Klosterfelde. Jeder, der will, kann mitmachen. Tanja Schumann sprach mit dem 1. Vorsitzenden der Hilfspolizeivereinigung "Alle Neune", Werner Saboschinsky.** + + + + +

Tanja: *Herr Saboschinsky, Sie haben ja nun schon einige Einsätze hinter sich.*

Saboschinsky: *Jaa...*

Tanja: *Brauchen Sie dazu eine spezielle Ausbildung?*

SICHERHEIT

Tanja: Und wenn Sie den Verbrecher dann gefangen haben, übergeben Sie ihn dann der Polizei?

Saboschinsky: Ähh, neee, neee... da gehste dahin und sachste, daß du Verbrecher fangen wills, eh und dann kriegste deine Ausrüstung und dann Halali!

Tanja: Ja, aber Sie kennen doch sicher das Grundgesetz...

Saboschinsky: Äh, wem jetzt?

Tanja: Das Grundgesetz, zum Beispiel Artikel 1.

Saboschinsky: Ja, ja, ist ja logisch, klar. Die Taste des Menschen ist unwiderrufbar.

Tanja: Ah ja! Vielleicht zeigen Sie uns mal Ihre Ausrüstung...

Saboschinsky: Ja gerne... (Er hält eine Tasche hoch.) Also das ist jetzt unsere Bereitschaftstasche, die nehmen wir immer mit, wenn die Verbrecherjagd mal nen bißchen länger dauert...
Also nen Apfel, Butterbrot, ne Flasche Bier und ähh... zweihundert Kondome.

Saboschinsky: Polizei? Ähh, nee, nee, nee, also ein Jäger gibt doch seine Beute nicht ab. Also wenn Sie mal schauen wollen...
(Deutet mit Kopfnicken auf die Wand, an der ausgestopfte Köpfe hängen.)

NEWS

WIGALDS UMFRAGE: SALAMI

+ + + + + Inge Meysel war zum ersten Mal seit langem wieder in einer Fernsehshow zu sehen. In "stern TV" berichtete die 84jährige über ihre Arbeit in dem Verein "Sterbehilfe e.V.". Frau Meysel wörtlich: "Das Schlimmste daran ist: Man hilft den Leuten, aber keiner sagt mal 'Danke'." + + + +

+ + + + + Ein leerer Bauch macht dumm. Das fanden Wissenschaftler der Uni Gießen heraus. Der Beweis: Von 100 000 überprüften Kindern aus Ruanda hatte keins Abitur. + + + + +

+ + + + + Das nächste Jahr soll zum Jahr des Papstes erklärt werden. Ostern wird er erstmals vom Balkon des Petersdomes aus das Zeitliche segnen. + + + + +

+ + + + + Auf der A 4 Köln-Aachen ist ein Tramper tödlich verunglückt. Anstelle eines Autos hatte er die Luft angehalten. + + + + +

+ + + + + Die Bild-Zeitung fragt: "Kann eine Frau einen Mann vergewaltigen?" Na ja, schon. Er muß sie halt nur lange genug bitten. + + + + +

+ + + + + Die englischen Fußballer haben abgesagt. Kein Länderspiel wegen Hitler. Berti Vogts dazu: "Ich wollte ihn doch gar nicht aufstellen." + + + + +

+ + + + + Wäre Charles Bukowski nicht gestorben, dann wüßten wir heute nicht, daß man sich tatsächlich totficken kann. + + + + +

+ + + + + Sozialminister Norbert Blüm forderte in der Bild-Zeitung: "Hört auf zu foltern! - Ich werd ja doch nicht größer!" + + + + +

+ + + + + Und nun noch eine Meldung zum Schluß: Der amerikanische Professor Dennis Molfese meint: "Männer, gebt auf! Die Zeit der Männer-Herrschaft geht zu Ende. Frauen sind das stärkere Geschlecht. Bald werden die Frauen in allen Bereichen die Herrschaft übernehmen." In diesem Sinne - guten Abend! + + + + +
(Esther und Stefan stehen auf und gehen aus dem Bild. Stefan trägt Strapse.)

Wigald: *Holländischen Gentechnologen ist rechtzeitig zum Jahresbeginn ein Durchbruch im internationalen Gentechnologiemarkt gelungen. Sie haben ein Salamibrötchen hergestellt, das sich im Gewächshaus aufziehen läßt. Würden Sie so etwas essen?*

Passantin 1: *Nein.*

Wigald: *Warum nicht?*

Passantin 1: *Weil es mir unbekannt ist.*

Wigald: *Aber das kann man Ihnen ja bekannt machen: Guten Tag!*

Passantin 1: *Guten Tag.*

Wigald: *Die Holländer werben für ihr Produkt nicht zuletzt damit, daß dieses Salamibrötchen auch bei Temperaturen von minus 22 Grad Celsius wächst.*

Passantin 2: *Also, ich muß Ihnen ehrlich sagen, alles was aus Holland kommt, ob es Tomaten sind oder was, da bin ich grundsätzlich skeptisch gegenüber eingestellt.*

Wigald: *Und Naßkaltfahrräder oder Salamibrötchen nicht vorher? Auch dann nicht?*

Passantin 2: *Nee!*

Wigald: *Diese Salamibrötchen haben einen Durchmesser von 5,50 Metern, ist das nicht vielleicht ein Beitrag gegen den Hunger in der Welt?*

Passant 3: *Ja, ja, das wird es schon sein...*

Wigald: *Wenn Sie mal so überschlagen. Wie viele Salamibrötchen haben Sie verzehrt in den letzten achzig Jahren?*

Passant 3 (ist etwa 55 Jahre alt)**:** *Au, au, das kann ich schlecht sagen. Das kommt immer darauf an, wenn man irgendwo so verreist, und man kein Mittagessen einnehmen kann und ißt mal zwischendurch so ein Brötchen, ja.*

Wigald: *Da kommt ja ganz schön was zusammen, ja. Zwei, vier, sechs, acht, zehn... vierzehn, sechzehn... achtzehn...*

Passant 3: *Grad im Urlaub, grad im Urlaub...*

Wigald: *...zwanzig, fünfundzwanzig. Danke schön. War ein Gag. Deutsches Fernsehen, weitergehen...*

Wigald: *Haben Salamibrötchen früher ein anderes ... eh ... gehabt als durchschnittlich?*

Passantin 4: *Nöhh, wir hatten dann mal die Salami vom Schwein...*

Wigald: Aber geht vorschnittlich die Bonanza wieder links, werden also Banana eh eh von unten kommen...?

Passantin 4: Ja.

Wigald: Aber anders nicht. Das nicht früher... vorher?

Passantin 4: Wir nehmen nur das, was von uns auch ist, was normal ist. Wenn wir früher...

Wigald: Vorwärts links, rechts und dann durch die Klappen durch .... kommt auf die Uhrzeit an...

Passantin 4: Ja, das kann man wohl sagen, ja.

Wigald: Ja eben. Danke.

Blinde Autofahrer

Nachdem viele Blinde schon Klavier spielen und singen, dürfen Blinde in München jetzt auch Auto fahren. Tanja Schumann war vor Ort und sprach mit einem blinden Autofahrer.

Tanja: Herr Weinzierl, wie klappt das Autofahren?

Weinzierl: Ja super, ich habe gerade meinen Führerschein bestanden.

Weinzierl wedelt mit dem Führerschein.

Tanja: Herzlichen Glückwunsch.

Weinzierl: Ich habe sogar schon ein eigenes Auto.

Tanja: Toll und welche Farbe?

Weinzierl: Blau, mit grünen Türen. Sehen Sie, da vorne steht es.

Weinzierl zeigt in Richtung eines Autos.

Tanja: Sagen Sie mal, Sie sind doch gar nicht blind.

Weinzierl nimmt die Brille ab.

Weinzierl: Stimmt, ich stelle mich nur blind, eigentlich bin ich taub.

Tanja: Sie haben doch die ganze Zeit mit mir geredet.

Weinzierl: Stimmt, ich spiel ja nur den Tauben, weil ich eigentlich...

Kleine Pause.

Tanja: Stumm bin?

Weinzierl nickt.

Tanja: Sie sind ja vollkommen durchgeknallt.

Weinzierl: Das vertusche ich aber damit, daß ich mich stumm stelle.

Tanja: Sie sind ein Vollidiot. Wissen Sie, was ich bin?

Weinzierl: Hübsch?

Tanja: Nein, sauer.

Tanja geht. Und kommt wieder.
Sie haut Weinzierl eine.

Tanja: Das ist dafür, daß Sie mich angelogen haben.

Weinzierl: Sie haben es also gemerkt?

Tanja: Ja, der blau-grüne Wagen ist nämlich meiner!

Man spricht DEUTSCH

Die Insel Mallorca stand jahrelang unter einem miserablen Ruf. Jetzt hat sich die Landesregierung dazu entschlossen, die wenigen Schattenseiten des an sich doch so wunderschönen Urlaubsziels ein für allemal auszumerzen. Hierüber sprach ich mit deutschen Urlaubern.

Wigald: *Im Landtag von Palma de Mallorca wird zur Zeit über ein Gesetz entschieden, das vorsieht, daß Kellner, die hier in dieser Gegend bedienen, deutsch sprechen müssen. Halten Sie so ein Gesetz für richtig?*

Passant 1: *Ja, ganz genau. Man kann ja sonst nichts verstehen.*

Wigald: *Es wird zur Zeit vorm Europäischen Gerichtshof über einen Kellner beraten, der hier seit zwei Jahren in Haft sitzt, weil er zwar englisch spricht, aber sich standhaft weigert, deutsch zu sprechen. Sind solche Fälle überhaupt noch tragbar?*

Passant 2: *Nein, wir hier, die Leute, ältere Leute und alle, da müßten die Ober ein bißchen unter die Arme greifen, daß sie auch wirklich alles verstehen.*

Wigald: *Hier im Stadtrat von El Arenal steht ein Antiheimwehprogramm vor der Verabschiedung, das unter anderem vorsieht, daß diese Palmen hier durch deutsche Buchen ersetzt werden sollen. Ist das eine richtige Entscheidung?*

Passant 3: *Also, eine bessere Entscheidung gibt es gar nicht.*

Wigald: *Haben Sie auch Heimweh?*

Passant 3: *Ja, ja.*

Wigald: *Im letzten Jahr gab es ja hier furchtbar häßliche Prügeleien zwischen deutschen und englischen Touristen. Kann man diesen Prügeleien eventuell im nächsten Jahr Herr werden, indem die UNO-Blauhelmtruppe hier zur Befriedung eingesetzt wird?*

Passant 4: *Ja, das wäre eine Streife, die eben in zivil ist und guckt und das und das und die dann nur noch den Ausweis verlangt, ja?*

Wigald: *Ja, damit es dann gar nicht dazu kommt. Direkt im Ansatz ersticken....*

Passant 4: *Ja, ganz genau... vor allen Dingen die älteren Damen und Herren, was die ja auch eine Angst haben...*

Wigald: *Da muß man direkt von vorneherein einen Riegel vorschieben, damit solche häßlichen Ausschreitungen überhaupt gar nicht erst anfangen.*

Passant 4: *Ganz richtig. Jawohl!*

Wigald: *Neben mir stehen jetzt zwei englische, erfahrene Mallorca-Touristen, die mir vielleicht Aufschluß darüber geben können, wer mit diesen Prügeleien eigentlich immer anfängt. Wo kommen diese Rabauken bloß her? - Where are you from?*

Passant 5: *Scotland.*

Wigald: *Aus Schottland. Thank you, danke schön...*

Wetter Wetter Wetter

+ + + + + ...und nun das Wetter mit unserem Humphrey Nontschew.

Mirco sitzt mit Trenchcoat und Hut an einem unaufgeräumten Schreibtisch, auf dem die typische schwarze Lampe steht. Im Hintergrund hängt eine Wetterkarte, wie man sie aus Detektiv-Filmen kennt. Der Raum ist verqualmt. Mirco raucht gleichzeitig mehrere Zigaretten, die in verschiedenen, überall herumstehenden Aschenbechern liegen. Er schaut nachdenklich auf die Wetterkarte.

Off (milde, melancholische Erzählerstimme)**:** Es kommt mir vor, als sei es erst gestern geschehen, dieses Wetter, Wetter, Wetter. Es fing an in einer Nacht wie dieser. Dieses verfluchte Hochdruckgebiet, das aus Nordnordwest kam und feucht-schwüle Luft mit sich brachte, machte mir zu schaffen. Ich ging trotzdem los, um mir neue Kippen zu holen. Der Automat war im Osten.

Es schneite und ich baute einen Schneemann.
Er guckt andächtig aus dem Fenster.

Off: Als ich zurück war, wartete sie in meinem Büro. Sie sagte, daß sie von einer Schlechtwetterfront verfolgt und bedroht würde. Sie war den Tränen nahe. Ich tröstete sie, obwohl dies meiner Natur widersprach. Ich sagte ihr: Guck nach unten, sonst regnet's dir noch in die Augen, Kleines.
Sie ging ohne ein Wort zu sagen nach draußen.

Es herrschten mittlerweile 56 Grad im Schatten. Die verbrannten ihr Gesicht. Ich wußte, ich würde sie nie wiedersehen.

Tanja kommt im Nachthemd, mit Schlafmütze und einer Kerze in der Hand herein und ruft erbost..

Tanja: Kannste nich mal aufhören, so laut zu denken, andere Leute wollen schlafen!

NEU!

Wir präsentieren

eine wertvolle Gedenkprägung zum Todestag von Karl Ranseier aus echtem Zink!

Die Karl-Ranseier-Gedenkmünze

Echtes Zink!

Ø 14 mm

VORZUGSPREIS nur 10,– DM

- *Begehrtes Sammlerstück - Hohe Nachfrage*
- *Einzigartige Würdigung eines 1,73 Meter großen Deutschen*
- *Höchste Prägequalität*
- *Besser als alle anderen Gedenkmünzen*
- *Karl Ranseier starb bei dem Versuch, eine geladene Motorsäge zu reinigen*

Die Ranseier-Gedenkmünze, herausgegeben von KRS - der Karl-Ranseier-Stiftung, zum amtlichen Ausgabepreis von 10,– DM. Diese Münze kostet Sie keinen Pfennig. Sie tauschen einfach nur 10,– DM gegen ein wertloses Stück Metall.

Sofort bestellen!
Noch heute anfordern!
Bestellen Sie noch heute!

Jetzt mit uns telefonieren!

Fotoalbum

von Karl Ranseier

30. August 1939. Karl Ranseier, der erfolgloseste Flüchtling aller Zeiten, bei seiner Flucht vor den Nazis nach Polen.

Die größte Toilette der Welt (im Hintergrund) wird endlich an die Kanalisation angeschlossen. Karl testet gerade als erster die neue Errungenschaft.

Anne-Kathrin, Karl Ranseiers erste große Liebe - hier mit ihrer siamesischen Zwillingsschwester Marie-Kathrin. Ihre Liebe zerbrach, als Ranseier ihr zur Verlobung ein Tandem schenkte.

Freude bei Karl und seiner Mutter Gitte. Der Vater kehrt aus dem 30jährigen Krieg zurück und hat beim Anblick seiner Frau den vorzeitigsten Samenerguß der Welt (ganz rechts: ein Augenzeuge).

Der leidenschaftliche Hobbyblechbläser Karl Ranseier hat zu Hause wieder mal das falsche Instrument gegriffen.

Die neun Jünger von Karl Ranseier, dem erfolglosesten Heiland der Welt, trauern um ihren Anführer. Der stark abgemagerte Karl Ranseier am Kreuz (Rückseite).

Weit mehr als zwölf Personen beobachten Karl Ranseier, den erfolglosesten Bombenspezialisten der Welt, wie er gerade versucht, eine Bombe im Tiefgeschoß eines Warenhauses zu entschärfen.

Karl Ranseier der erfolgloseste Voyeur der Welt, bei der Sichtung neuer Opfer.

Einen gesegneten guten Abend!

Wir sind die Schwestern Fresenia und Martha vom Orden der Heiligen Sechs Kathreiner aus dem Kloster Sankt Agnacht in Beulen an der Rinn.

Man nennt uns auch die singenden Gebetsbeulen, und wir haben wieder eine Schallplatte besungen. Erneut mit einem Lied.

Wie Sie wissen, hat die Kirche dank Solidarzu-schlagsausgleichsaustritten immer weniger Mitglieder.

Und Schuld daran ist nur einer: der Heilige Vater. Der predigt nämlich nur und handelt nicht. Und das geht uns, Gott verzeih, auf den Sack! - Deshalb haben wir beschlossen, die Sache selbst in unsere schwachen, aber gebetsgestärkten Hände zu nehmen. Aus diesem Grund ist unser heutiges Lied ein Protestsong. Es heißt:

"Lied von zwei armen, gläubigen Nonnen, die in der Einsamkeit ihres Klosters beschlossen haben, die Unweltlichkeit des Seins durch eine furchtbare Weltlichkeit der gewaltigen Kraft des Geistes auszutauschen."

Untertitel: "Laß uns bibeln, Schatz!"

Beide singen zur Melodie des Welthits "Polonäse Blankenese":

Zwei, drei, vier...

Vers:
Ey Papst, jetzt mach doch mal 'ne Pause
Was soll der Quatsch mit deiner sanften Tour
Die Kirchen leer, die Schafe blei'm zu Hause
So geht das nicht, jetzt wackeln wir - am Kreuz

Refrain:
Euch fliegen jetzt die Bibeln um die Ohren
Denn Gott hat uns zwei heute auserkoren
Euch einzubleuen, daß er der Größte ist

Wir schleifen euch zur Kirchenfeier
Und packen alle Sünder von hinten an die Kragen
Nur so kann's gehen, das macht die Kirche voll

Vers:
Johannes Paul der ist doch falsch gebügelt
Der labert nur von Nächstenliebe rum
Wer nicht zur Kirche geht, gehört verprügelt
Mit einem dicken Stock und zwar - zehnmal

Refrain:
Jetzt prügeln wir die Sünder von den Straßen
Und dann gibt es nur noch rote Nasen
Von Blankenese bis hinter Wuppertal

Zwischenruf: Der fällt vom Kamener Kreuz rechts ab!!

Wir zerren euch zur Kirchenfeier
Und packen alle Sünder von hinten an die Kragen
Nur so kann's gehen, das macht die Kirche voll

Das Nonnenkloster

In Sankt Agnacht bei Beulen an der Rinn liegt, versteckt hinter einem dichten Wald, hinter einem reißenden Bach, hinter einer tiefen Schlucht, hinter einer hohen Mauer, auf einem hohen Berg, das Kloster der Heiligen Sechs Kathreiner.

In diesem Kloster leben in aller Abgeschiedenheit und in aller Demut 332 weibliche Nonnen und eine männliche - Bruder Gottfried. Neben allen anderen Gelübden, die man als gottesfürchtige Klosterbewohnerin so abzulegen hat, haben die Nonnen in Sankt Agnacht noch ein besonderes Gelübde abgelegt:

Das Kreativitäts-Gelübde. Alle nur erdenklichen Arten von Kunst werden hier in Beulen an der Rinn praktiziert. Der Tagesablauf einer Nonne ist hier dichtgedrängt:

4.30 Uhr	*Wecken durch den Posaunenchor "Schwarze Nonne 1783".*
4.45 Uhr	*Hineinsingen in den Tag mit Schwester Gudrun.*
5.00 Uhr	*Erstellen eines Heiligen-Mosaiks aus Wurst, Butter und Brot, anschließend Aufessen des Mosaiks.*
5.30 Uhr	*Schreiben von Gleichnissen in Gedichtform mit Schwester Regine.*
6.30 Uhr	*Topflappen häkeln und mit "Amen" besticken mit Schwester Claudia.*
8.00 Uhr	*Erstellen von Tiffany-Lampenschirmen oder Tiffany-Kirchenfenstern mit Schwester Sabine.*
10.00 Uhr	*Marienstatuen aus Granit meißeln mit Schwester Katja.*
12.00 Uhr	*Heiligenbilder aus Gemüse basteln, anschließend Aufessen der Heiligenbilder.*
13.00 Uhr	*Lieder komponieren. (Nur für Schwester Martha und Schwester Fresenia mit Bruder Gottfried.)*
14.30 Uhr	*Zeit zur freien Verfügung, in der man entweder Makramee, Ikebana oder Steptanz machen kann.*
16.30 Uhr	*Malen nach Zahlen. 60farbige Bilder in einer Stunde mit Schwester Jutta.*
17.30 Uhr	*Töpfern von Tonaschenbechern zur Deckung des halben Weltbedarfs an Tonaschenbechern mit Schwester Kirsten.*
18.00 Uhr	*Beichte singen bei Oberin Andrea.*
18.15 Uhr	*Mit "Beulener Doppelbock" Volkslieder gurgeln mit Schwester Maja.*
18.45 Uhr	*Videoprojekt "Der Auszug der heiligen sechs Kathreiner aus Beulen, um der Welt zu zeigen, wo der Frosch die Locken hat" mit Schwester Anja.*
20.15 Uhr	*Aufführen der Rockoper "Die schwarze Nonne und ihre Posaune".*
23.00 Uhr	*Hinaussingen aus dem Tag mit Schwester Julia.*
23.15 Uhr	*Wahlweise in den Schlaf singen oder einschlafen.*

Was aus Schwester Frieda wurde.

Vor zwanzig Jahren kam die erst zwölfjährige Frieda ins Kloster der Heiligen Sechs Kathreiner. Die kleine Frieda entwickelte sich prächtig und sah selbst in ihrer Nonnentracht noch sehr sexy aus. Das hatte zur Folge, daß alle Männer der Gegend hinter ihr her waren. Das Problem war, daß Frieda immer häufiger mit den Männern flirtete und einmal sogar beim Knutschen erwischt wurde. Deshalb wurde Frieda in einer Nacht-und-Nebel-Aktion unter Mithilfe eines ansässigen Chirurgen umoperiert. Aus Schwester Frieda wurde Bruder Gottfried.

Seitdem denkt Gottfried nicht mehr im Traum daran, das Keuschheitsgelübde zu brechen. Entgegen der Regeln des Klosters durfte Bruder Gottfried sogar im Kloster bleiben, weil er versprochen hatte, auch weiterhin im Sitzen zu pinkeln.

FAMILIEN

Werner Schulze-Erdel kommt unter dem Applaus des Publikums herein...

Werner: *Hallo! Hier sind die heutigen Kandidaten. Unsere Herausforderer: die Familie Boning!*

Wigald, Tanja, Matthias und Stefan kommen unter Jubel hereingelaufen.

Werner: *Und unsere Champions: die Familie Schweins.*

Esther, Mirco, Rüdiger und Olli kommen herein. Werner geht nach rechts zu den Bonings.

Werner: *Dann stellt euch doch mal kurz vor.*

Wigald: *Also ich bin Wigald Boning, der Großvater von Tanja und der Vater von Matthias.*

Tanja: *Ich heiß Tanja und bin die Schwägerin von Stefan.*

Matthias (schnell): *Mein Name ist Matthias. Ich bin der Enkel von Wigald, der Neffe von Tanja und der Vater von Stefan.*

Stefan (schnell): *Ich bin Stefan, der Sohn von Wigald und Matthias, die Nichte von Tanja und der Bruder von meiner Mutter Katja. Die konnte übrigens nicht kommen, weil sie Onkel Hedwig heiratet.*

Werner (verwirrt): *Ah ja, und jetzt unsere Herausforderer Familie Schweins. Sie ist heute zum fünften Mal dabei und spielt deshalb um EINHUNDERTTAUSEND Mark!*

Werner geht zu den Schweins.

Werner: *Dann stellt ihr euch mal vor.*

Esther (gereizt, laut): *Ich bin Esther Schweins, und ich frage mich, wer auf die idiotische Idee gekommen ist, diese Bonings einzuladen. Hat man denn nie seine Ruhe?*

Werner: *Ihr kennt euch?*

Mirco: *Wir sind Nachbarn! Das ist, als ob du neben einer Kläranlage wohnen würdest.*

Rüdiger: *oder in ner Müllkippe!*

Olli: *Oder neben Günter Jauche!*

Werner: *Schnauze jetzt.*

Werner winkt Esther und Wigald zur Mittelkonsole, beide starren sich wütend an.

Werner: *Esther und Wigald, kommt zu mir. Eine Hand hinter den Rücken. Okay, für die erste Runde wollen wir die fünf häufigsten Antworten wissen. Wir haben einhundert Leute gefragt: "Wie würden Sie Ihre Schwiegermutter umbringen?"*

Esther schlägt blitzartig auf ihren Knopf.

Esther (lacht Wigald hämisch ins Gesicht): *Vergiften!*

Werner: *Esther meint vergiften, das meinten auch...*

DUELL

Auf der Tafel taucht auf der fünften Zeile "vergiften 10" auf.

Werner: *10 Leute. Das ist noch nicht die Topantwort. Was meinst du, Wigald?*

Wigald: *Hm. Ich würde sie erwürgen, sie dabei in nassem Zement ertränken und dann ein sechsstöckiges Mietshaus auf ihr bauen.*

Werner: *Ja, kann man sicherlich machen. Mal sehen, wie viele das gleiche gesagt haben.*

Auf der Tafel erscheint an erster Stelle "erwürgen 34", an zweiter Stelle: "einzementieren 25", dann an dritter "ertränken 17" und in der vierten Zeile: "unter Haus begraben 12" Die Bonings jubeln.

Werner: *Gute Antwort. Damit habt ihr die erste Runde schon gewonnen. Weiter gehts mit Runde zwei.*

Werner (tröstend): *Nicht so frustriert dreinschauen, Esther. Ihr habt doch jetzt in dieser Runde die faire Chance, alles wieder aufzuholen. Wir haben 100 Leute gefragt: Wie viele orthopädische Stützstrümpfe besitzt Wigald Boning?*

Wigald haut blitzartig auf seinen Buzzer.

Wigald (lacht Esther widerlich an): *Vielleicht fünf?*

Auf der einzigen Zeile auf der Tafel: "fünf Stützstrümpfe 100".

Werner: *Und das ist auch schon die Topantwort. Damit habt ihr die zweite Runde gewonnen!*

Esther (wütend und laut zu Werner): *Hey, Moment mal, das ist doch Betrug!! Was ist denn das für eine Frage?! Wieviel haben dir die dreckigen Bonings gegeben, damit du sie gewinnen läßt? Wieviel!?*

Blitzartig haut WIGALD auf seinen Buzzer.

Wigald: *5383,76!*

Werner: *5383,76, das meinten auch...*

Auf der einzigen Linie: "5383,76 - 99".

Werner: *Neunundneunzig! Schon wieder die Topantwort. Und die Bonings sind Tagessieger, kommt zu mir. Tja, Familie Schweins, schade um die einhunderttausend Mark, aber es ist ja nur ein Spiel.*

Die Bonings kommen jubelnd und springend nach vorne. Die Schweins fassungslos.

Werner: *Das wars für heute, wir sehen uns wieder beim nächsten Familien-Duell, da spielen die Schulzes gegen die Erdels!*

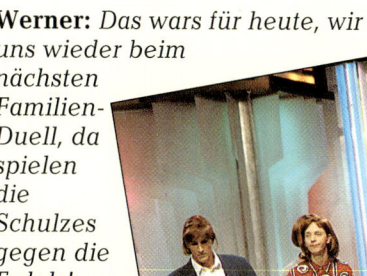

BACKSTAGE

▶ **Sonntag. In der Kirche bitten alle u**

SAMSTAG NACHT
von Sonntag bis Freitag

SONNTAG

St.-Burghards-Kirche, Köln-Sülz

Die Arbeitswoche des Samstag-Nacht-Teams beginnt am Sonntag. Man trifft sich zum gemeinsamen Gottesdienst in der St.-Burghards-Kirche, Köln-Sülz. Stefan spielt die Orgel, und alle bitten um einen reibungslosen Ablauf, gute Ideen und Vergebung für die Gags der vergangenen Woche. Anschließend darf jeder kurz zu seiner Familie, wo man sich gemeinsam die letzte Sendung noch dreimal in Zeitlupe und zweimal in Einzelbildschaltung ansieht.

MONTAG

Die Woche beginnt relaxed. Es ist 10 Uhr 30. Redaktionsleiter Christoph Wittig wird von seiner Frau und den beiden Söhnen ins Studio gebracht. Sein Stellvertreter Holger Hoffmann erwartet ihn bereits. Holger ist Christoph dabei behilflich, die

ergebung für die Gags der vergangenen Woche.

Kinder, die sich übers Wochenende mal wieder an Papi gewöhnt hatten, von seinen Beinen loszustemmen. Dann geht es an die Arbeit.
Man diskutiert über die Einschaltquote der letzten Sendung, das Wetter, das Leben im allgemeinen und die Beziehung der Frau im Konjunktiv zu dem Verhalten der Etrusker beim Einmarsch der Phönizier (512-511 v.Chr. - Glaube d. Autors). Zwischendurch begrüßt man die nach und nach eintreffenden RedakteurInnen, AssistentInnen und PraktikantInnen. Plötzlich weht ein leichter Wind durch die heiligen Hallen. Fenster und Türen springen auf. Die Gespräche verstummen, wie von Geisterhand schaltet sich der Fernseher ab. Voller Ehrfurcht treten alle vor die Tür in den langen Flur, der von gleißendem Licht erfüllt scheint, knien auf dem feuchten Marmorboden nieder und beugen ihr Haupt. Unter sphärischem Fanfarenschall treffen die Autoren ein. Das ist natürlich gelogen, bis auf den Schluß: Die Autoren treffen ein.

Unbemerkt verkriechen sich Ralf Betz, Holger Schmidt, Mathias Taddigs und Jürgen Urig in ihr feuchtes, fensterloses, unbeheiztes Kellerverlies, das sie liebevoll "Büro" nennen, und machen die ersten Witze. Holger Hoffmann kommt ins Autorenbüro und verteilt einige Sketche zum Überarbeiten.

beraten Redaktions- und Produktionsleitung, Kostüm, Requisite, Regie und Maske über Proben, Ausstattung und zeitlichen Ablauf der Sketche in dieser Woche.

Die erste Konferenz der Woche - alle lachen sich tot über den Katzensketch.

Nach einer Stunde ist die Konferenz zu Ende. Der Tag klingt mit Verwaltungsarbeiten aus. Um 17 Uhr begehen die Autoren ihr "MMM" (Montags Margherita beim Mexikaner).

DIENSTAG

Arbeitsbeginn 10 Uhr. Auch heute sind Holger Hoffmann und Christoph die ersten im Büro. Ein Fax von RTL an Christoph Wittig trifft ein. Es sind die Daten für die Trailer-Einsätze (Trailer = kurze, lustige Clips, die den Zuschauern Lust auf die Sendung machen sollen; laufen meistens gegen Ende der Werbeblocks im RTL-Programm). Christoph läßt sofort eine Liste anfertigen, aus der hervorgeht, welche Trailer neu produziert werden müssen.
Irgend jemand entdeckt hinter dem Faxgerät ein Stück von dem Christstollen, den die Praktikantin Silke für die Weihnachtsfeier vor 3 Monaten gebacken hatte. Ein höflicher Redakteur wollte wohl dem Erstickungstod entgehen, indem er das trockene Stück dort entsorgte. Alle sind sich einig: dem Stollen geht es gut. Elgin, Redaktionsassistentin, 26, unverheiratet, benutzt ihn als Briefbeschwerer.
Die Produzenten schauen vorbei. Jacky Dreksler und Hugo Egon Balder sind gut gelaunt. Sie kommen von einer erfreulichen Sitzung bei RTL. Die Programmleitung ist mit den Quoten zufrieden.

Die vier Autoren (erhöht sitzend) beim Aufwärmtraining. Für die Gastautoren (unten) gibt es keine Stühle.

"Idee Klasse, Ende Scheiße!" - Mit solchen und ähnlichen handschriftlichen Vermerken des Produzenten Hugo Egon Balder kommen die Sketche auf den Tisch der Autoren. Gemeinsam macht man sich an die Bearbeitung. Das Ende soll der Idee angepaßt werden. Manchmal passiert es leider auch umgekehrt. Um 14 Uhr trifft Bühnenregisseur Geriet Schieske ein. Eine halbe Stunde später

BACKSTAGE

▶ **Montag: Um 17.00 Uhr begehen di**

Hugo Egon Balder und Jacky DreXXLer sind gut gelaunt. RTL-Programmchef Marc Conrad hat ihnen heute zur Belohnung für die guten Einschaltquoten eine Tüte Werthers Echte geschenkt.

Nachdem man neue Stühle besorgt hat, geht es los. Man diskutiert darüber, ob man für den Katzensketch eine echte Katze nehmen soll, eine ausgestopfte oder gar eine Kuschelkatze mit Polyesterfell. Hugo Egon Balder versucht die Diskussion zu beenden, indem er vorschlägt, den Sketch mit einem Pferd statt mit einer Katze zu drehen. Pferde sind geduldiger vor der Kamera. Freudig bestätigen alle Hugo, daß er einfach die besten Ideen hat. Requisiteur Rolf W. Tellenbach wird also ein Pferd besorgen.

Die Produzenten diskutieren mit Christoph und Holger Hoffmann über die Einschaltquoten, den Verkehr auf der Autobahn und das Verhalten der Frauen in differentialer Beziehung zum Auftritt des Ebers in Schillers "Wilhelm Tell".

Während sich die Autoren lustige Texte für die Trailer ausdenken, trifft sich der Rest des Teams im Konferenzraum zu einer Sitzung. Es gibt Probleme.

Super Idee, Hugo.

Irgendein Schelm hat die Stühle versteckt. Das Team wartet auf Ersatz.

utoren Ihr "MMM" (Montags Margherita beim Mexikaner)

*Nach der Konferenz lachen alle noch ein bißchen über die ersten Texte und Sketch-Bearbeitungen der Autoren, dann geht es nach Hause. Um 18 Uhr ist der Dienstag gelaufen. Feierabend. Außer für die Kostümabteilung. Die KollegInnen suchen Kostüme für den morgigen Tag heraus, waschen, bügeln, flicken, oh, habe ich flicken gesagt... ich meinte natürlich... ja, ich komme, Geliebte…
(Tschuldigung, das Essen ist fertig - Anm. d. Autors.)*

Die Kostüme werden herausgesucht und dem Fotografen gezeigt.

MITTWOCH

10 Uhr. Heute beginnt der Spaß erst richtig. Comedians und Kamerateam stoßen zum Rest. Jetzt wird richtig Fernsehen gemacht.
Aber erst gibt es in der Redaktion, wie jeden Morgen, Gerangel darum, wer den einzigen Stuhl im Büro bekommt. Die Redaktion nimmt es lächelnd hin, daß Christoph Wittig auch heute der Sieger bleibt.

Alle freuen sich, daß Christoph gut sitzt.

Mittwoch, 22.03.1995		Tagesbericht	Sendung 50
Arbeitsbeginn Team:	10.00	Regie, Regie-Ass., gesamte Technik, Al, Licht, Bimi, Requisite, Maske, Kostüm, Bühne, Kabelhilfen	
	10.30	Kamera, Feuerwehr	
Comedians:	10.00	Mirco, Wigald, Esther, Tanja und Stefan	
	14.00	Olli	
	ab 10.00	Fototermin für "RTL Samstag Nacht" - Buch und Kalender mit allen Comedians (Fotograph Stefan Menne, RTL) nach Absprache	
10.00 - 10.30		Technische Vorbereitung, Kamerajustage Kostüm/Maske, Comedians	
10.30 - 10.45		**Regiebesprechung** gesamtes Team im Studio	
10.45 - 11.10		VP - Märchen Man: Mahlzeit mit Mirco	Bluebox
11.10 - 12.00		VP - Verbrauchermagazin (Kasernenhof) mit Mirco (Offizier) und Komparsen aus dem Team (Kompanie)	Bluebox
12.00 - 12.30		VP - Gagwerbung: Ranseier Six-Pack mit Stefan, Esther und Tanja (Telefonistinnen)	Weißbox
12.30 - 14.20		VP - Sequenzen für Ketten-Sägen-Song mit Stefan und Esther	vor Tor 2 + Bluebox
14.20 - 15.20		Pause	
15.20 - 15.55		VP - Verbrauchermagazin (Reporter und General) mit Olli (Reporter) und Wigald (General)	Weißbox
parallel: 15.45 - 16.15		KALTPROBE Probe - Die Nonnen mit Esther, Tanja und Stefan	Garderobe
15.55 - 19.05		VPs für CD-Rom (Gehen, Drehen und Fallen) mit allen Comedians (Wigald, Olli, Mirco - Märchen Man, Tanja, Mirco, Stefan + Esther)	Bluebox
19.30		Arbeitsende Kamera, Feuerwehr	
19.30 - 20.00		Allg. Rückbau	
19.30 - 20.00		**Besprechung im Büro** mit Redaktion, Regie, Regie-Ass., AL, Requisite, Bühnenmeister, Kostüm, Maske	
20.00		Arbeitsende restl. Team	

Der Tag ist von morgens bis abends exakt verplant. Jeder weiß, was er zu tun hat... glauben die Produzenten und versetzen ein paar Berge.

Während die Autoren die Zeitungen auf "News"-trächtige Schlagzeilen durchsuchen, taucht Mirco Nontschew auf. Seine Leibwächter begleiten ihn in die Maske, wo er unter strengsten Sicherheitsvorkehrungen und gräßlichen Schmerzen zum Märchen-Man mutiert. Währenddessen küßt Bildregisseur Bernie sein Team und schildert ihnen mit freundlichen Worten den Ablauf des Tages. Alle lieben Bernie und freuen sich auf die Arbeit mit ihm. Die Kameras werden warmgeguckt, die MAZ-Geräte angeworfen und das Licht ausgerichtet. Mirco kommt mit Frank, den er Kleiner-sprechender-Haken-der-auf-meiner-Schulter-sitzt nennen darf. Alle lachen, und ehe man sich versieht, hat Mirco auch schon den Märchen-Man versprochen. Der erste Sketch des Tages ist gedreht.

Zwei Etagen darüber treffen die restlichen Comedians ein. Sie haben heute volles Programm. Neben der üblichen Arbeit für die Show stehen auch noch Fototermine für das Buch (dieses hier, das Ihr

BACKSTAGE

▶ **Dienstag: Man diskutiert darüber, o**

Die natürliche Schönheit von Esther und Tanja erhält dank Renate und Elvi den letzten Schliff.

gerade in Händen haltet) und eine geplante CD-ROM auf dem Plan.
Im Studio laufen die Umbauten für die nächste Vorproduktion. Mirco wird vor Ort umgezogen und

geschminkt. Aus dem lustigen Märchen-Man wird ein bärbeißiger Offizier. Auch das wird lustig.
In der Zwischenzeit haben Esther und Tanja ihren Fototermin hinter sich gebracht und werden von

"Stillgestanden!" verlangt Mirco von den Komparsen. Dabei kann er das selbst nicht mal eine Minute. Ha, ha, ha!

der Aufnahmeleitung in die Maske gebeten. Hier wartet Stefan schon. Umziehen, neu schminken, neue Frisur. Der Aufnahmeleiter bekommt das O.K. aus dem Studio. Das "Verbrauchermagazin" ist abgedreht, Esther, Tanja und Stefan müssen runter, um den Werbespot für den Ranseier-Six-Pack zu drehen. Unterwegs schauen sie kurz in der

Mike mit dem Ranseier-Six-Pack. Im Vordergrund der besonnene Rolf. Nur er weiß, daß zu einem Six-Pack immer zwei gehören.

Requisite vorbei. Mike zeigt ihnen seinen Vorschlag für den Six-Pack.
Der "Six-Pack"-Dreh läuft wunderbar, und alle haben ihren Spaß dabei. Esther und Stefan bleiben danach im Studio. Vor Ort ziehen sie sich um und drehen Einspielsequenzen für ihren "Kettensägen-Song". Tanja wird vom Aufnahmeleiter in die

...an für den Katzensketch eine Katze nehmen soll oder besser ein Pferd.

Maske gebeten. Sie soll den Katzensketch spielen. Umziehen, schminken, zum Drehort fahren. Der Katzensketch. Christoph Wittig hat alles fest im Griff. Es wird mit zwei Kamerateams gedreht. Eins davon wartet 12 Stockwerke tiefer auf die Pointe. Man verständigt sich mit einer Art Rasierapparat.

Christoph (spricht in Rasierapparat): "Team 1 bitte melden. Mein Gott... warum meldet sich keiner? Es wird doch nichts passiert sein? Hallo, Hilfe..." - Tanja (denkt): "Hat der Wittig die Hand jetzt an die Hüfte genäht oder geklebt?"

Dann kommt die Verbindung doch noch zustande, und es geht los. Nach wenigen Minuten gibt es jedoch Ärger. Das Pferd, das auf Hugos Vorschlag hin die Katze spielen soll, weigert sich, durch die Katzentür zu laufen. Requisiteur Rolf zieht eine Kuschelkatze mit Polyesterfell aus dem Ärmel, und schon kann es weitergehen. Das Pferd hat seine Chance verpaßt, und die Kuschelkatze wird berühmt, stirbt aber dabei. Der Witz bei dem Sketch ist nämlich der, daß die Katze durch die Katzentür Gassi geschickt wird, wobei die Katzentür sich an der Außenwand einer Wohnung im 12. Stock befindet. Natürlich weiß das Rolfs Kuschelkatze nicht und stürzt auf das harte Pflaster.

Im Studio lachen mittlerweile alle über Ollis und Wigalds Scherze. Dann wird es auch dort ernst. Sie spielen im zweiten Teil des Verbrauchermagazins Reporter und Offizier. Olli hält sich genau an den Text. Wigald hält sich wie immer an der Hand.

Im Autorenzimmer sind die ersten News-Einspieler fertig geworden. Ralf und Jürgen tragen sie dem Produzenten Jacky Dreksler vor. Der lacht sich halb tot darüber, lehnt diese aber ab, da sie zu böse sind. Mit hängenden Köpfen verlassen die beiden das Büro und schreiben einen noch böseren

Rolf W. Tellenbach streichelt zum letzten Mal seine sterbende Kuschelkatze. Gerade hat er das Blut von der Straße gewischt.
Holger Hoffmann (mit Kamera vor den Augen, damit man ihn nicht erkennt) hält diesen dramatischen Zwischenfall mit der Kamera fest. Später lachen alle darüber. Typisch!

So ängstlich ist Wigald in Wirklichkeit. Immer hält er sich tröstend die Hand.

BACKSTAGE

▶ **Mittwoch: Heute beginnt der Spaß er**

Sketch. Mathias und Holger Schmidt haben mehr Glück. Ihre Idee ist von Hugo angenommen worden.

Der gerät jetzt allerdings in Hektik. Holger Hoffmann bringt nämlich den Katzensketch herein. Gleichzeitig bittet der Aufnahmeleiter ihn darum, ins Studio zu kommen, um die Produktion der CD-ROM-Segmente zu überwachen. Hugo wirft den Aufnahmeleiter aus dem Fenster und geht sich mit Holger Hoffmann den Sketch ansehen.

Eva Herman hat sich direkt nach ihrer Ankunft mit einem Ohrwurm angesteckt. Tanja leistet Erste Hilfe.

Holger Hoffmann zeigt Hugo die tote Kuschelkatze. Hugo findet es gut, glaubt aber, daß der Sketch mit einem Pferd noch lustiger gewesen wäre.

Es gelingt dem Aufnahmeleiter doch noch, Hugo ins Studio zu bringen. Bis spätabends werden dann Drehungen, Laufbewegungen und Fallstudien für die Samstag-Nacht-CD-ROM aufgenommen. Warum, das seht Ihr dann auf der CD.

Die Autoren haben noch viele lustige News-Einspieler und Meldungen geschrieben und dürfen dann nach Hause. Der Aufnahmeleiter schließt ihre Fußketten auf und winkt ihnen zum Abschied ein freundliches "Bis morgen" zu. Dann geht auch er.

Wigald mit seinem treuen Gefährten Holger Hoffmann ins Land hinaus auf der Suche nach Mißständen, die es zu enthüllen lohnt. An diesem Tag finden sie einen verlassenen Grenzübergang,

Holger und Wigald auf einem typischen gestellten Foto. Das Foto kann man hier leider nicht sehen, da sie draufstehen.

an dem ruchlose Zapfenschmuggler Zapfen über die Baumgrenze schmuggeln. Sofort wird die Kamera geladen und aufgestellt. Wigald verkleidet sich als Zöllner, worauf die Schmuggler sich ins Unterholz schlagen und davonstehen.

DONNERSTAG

Am Donnerstag ist es endlich soweit: Die Gäste treffen ein. In dieser Woche sind das der Viva-Moderator Stefan Raab und die Tagesschausprecherin Eva Herman. Stefan Raab, der Chaos gewohnt ist, findet sich schnell zurecht, und Eva Herman hat gar keine andere Wahl.

Während im Studio die Proben beginnen, fährt

Wenig später stoßen Wigald und Holger auf ein altes Indianerdorf, das Wigald dazu inspiriert, einmal die Geschichte der in Deutschland lebenden Indianervölker genauer zu untersuchen. Eine ahnungslose Passantin, die sich ohne guten Grund im Wald rumtreibt, wird von Wigald vor sein Mikrofon gezogen. Im Gespräch stellt sich heraus, daß sie zufällig ein Nachkomme des letzten Sauerkrautindianerhäuptlings "Mildessa" ist.

ichtig: Jetzt wird richtig Fernsehen gemacht.

Wigald und Holger setzen ein in Gefangenschaft aufgezogenes Stück Papier in der freien Wildbahn aus. Erst weiß es nicht, was es machen soll, bleibt dann aber einfach liegen.

Holger und Wigald stellen van Goghs berühmtes Stilleben "Die Sonnenblumen" nach.

Die Häuptlingstochter wird von Wigald behutsam an die westliche Kultur herangeführt. Hier zeigt sie stolz ihr erstes unfertiges Malen-nach-Zahlen-Bild: Eine Sonne. (Farbe 1 = Gelb)

Wieder einmal kann Wigald Boning beweisen, daß man nicht bis nach Bad Segeberg fahren muß, um interessante Dinge zu finden.

Unterdessen wird natürlich auch im Studio gearbeitet. Mirco und Stefan Raab proben den Sketch "On-Air", in dem sie zwei DJs spielen, die um den gleichen Sendeplatz kämpfen. Obwohl Stefan und Mirco sich die Seele aus dem Leib spielen, wird der Sketch es nicht in die Sendung schaffen, da die Sendung wieder einmal viel zu lang sein wird und gekürzt werden muß.

Mirco und Stefan Raab lassen sich mal wieder nicht lumpen.

Das treibt der Produktionsleitung oft die Tränen in die Augen, weil Kostüme und Requisiten umsonst besorgt worden sind.

Anschließend beginnen die Proben zum Sketch "Viva España", der mit Andreas Arnstedt, einem Star der RTL-Serie "Und Tschüss", vorproduziert wird. Auch dieser Sketch wird nicht in der Sendung auftauchen, sondern erst zwei Monate später, kurz vor dem Beginn der ersten "Und Tschüss"-Folge.

Typisch deutsch. Vor den Augen der Kameramänner werden Leute erschossen, aber keiner tut was!

BACKSTAGE

▶ **Donnerstag: Wigald fährt ins Land hi**

"Viva España" ist ein Sketch, der alles von den Akteuren und den Regisseuren fordert. Mirco muß Flamenco-Gitarre spielen, Tanja muß Flamenco tanzen. Esther und Andreas Arnstedt müssen ihre Kollegen mit Sturmgewehren niedermähen. Erst einmal weiß keiner so genau, was er wann machen muß. Mirco erschießt Esther aus Versehen mehrmals mit der Gitarre.

Da ist die Hand des Regisseurs gefragt. Geriet Schieske springt wagemutig in die Schußlinie des Musikinstruments, kann aber Andreas nicht mehr daran hindern, Flamenco zu tanzen.

Geriet gibt Regieanweisungen, während sich die Schauspieler zum Essen verabreden.

Mirco kann nur machtlos zuschauen, als Bernie ihm die Gitarre entreißt. Leider übersieht er die entsicherten Splitter-Kastagnetten an Mircos Gürtel.

Das Studio wird von einem Schwarm Todeswespen überfallen. Während Mirco und Tanja sich auf die herkömmliche Art schützen, erschießt Esther einfach weit über 52% der todbringenden Nager.

Tanja stirbt einfach ein bißchen vor sich hin. Ein Kameramann wird von einem Querschläger getroffen und muß gegen einen frischen ausgetauscht werden. Erst Bildregisseur Bernie Abt kann die Situation retten, indem er Mirco fachmännisch entwaffnet. Außer für solche Krisensituationen ist Bernie für die Kameraeinstellungen und alle anderen bildtechnischen Probleme zuständig, während Geriet die klassische Bühneninszenierung übernimmt.

Ein paar Versuche später läuft "Viva España" wie geplant und kann endgültig aufgezeichnet werden.

Es ist vollbracht. Am Ende des langen Donnerstags rotten sich alle vor einem Fernseher zusammen und schauen gemeinsam "Schreinemakers Live".

FREITAG

Freitag ist der wichtigste Tag. Das sieht man daran, daß morgens erst mal überhaupt nichts los ist. Nach und nach trifft das Team ein und beginnt, je nach Bedarf, auch zu arbeiten. Die Autoren schreiben noch letzte Änderungen an den Sendungstexten und Nachrichten, im Studio beginnen die Musikproben. Zwischendurch wird die Sendung umgestellt, das löst immer Hektik in der Redaktion aus - ein neuer Ablauf wird geschrieben, ausgedruckt, wieder geändert, neu geschrieben, neu ausgedruckt. Nach der Aufzeichnung wird die Sendung dann auch noch umgeschnitten.

Am Nachmittag findet im Studio der Durchlauf statt. Hier wird der technische Ablauf der Show durchgespielt: Kamerapositionen, Bildmischung, Licht und Ton.

Um 18 Uhr ist Generalprobe. Dann wird erstmalig die gesamte Sendung geprobt, mit allen Live-Sketchen, aufgezeichneten Sketchen und den Nachrichten. Erstes Testpublikum ist dabei das Samstag-Nacht-Team.

20 Uhr. Das Publikum ist da und wartet im Foyer darauf, ins Studio zu dürfen. Zur Belohnung fürs Pünktlichsein dürfen sie Sketche aus vergangenen Sendungen sehen, die über einen Großbildschirm eingespielt werden. Spätestens jetzt dürfte jedem klarwerden, worauf er sich eigentlich eingelassen hat. Um 20.30 Uhr ist es soweit: Das Publikum darf in die heilige Halle Nummer 3, eine der größten auf dem Studiogelände. Kurz vor neun beginnt Romeo mit dem "Warm-up" [Woamapp] - die Besucher werden mit Musik auf die Sendung eingestimmt. Danach erfolgt der Auftritt des Produzenten: Hugo Egon Balder kommt auf die Bühne und erklärt den Besuchern die Besonderheiten des Studios. Wenn dann das Publikum so richtig gut drauf ist, geht die Aufzeichnung los. Wenn nicht, fällt die Sendung aus. Das ist übrigens der Grund, weshalb es Samstag Nacht erst seit 1993 gibt: In diesem Jahr wurde das Warm-up entschieden verbessert.

21.10 Uhr: Die Aufzeichnung beginnt. Stefan Raab erhält einen "Oscar" für die Leistung, in keinem Film mitzuspielen. Seine anschließende Dankesrede dauert etwa sechs Stunden und muß für die Sendung geringfügig gekürzt werden.

Um 21.30 kommt, pünktlich wie immer, Hans Meiser ins Studio. Er stellt sich an sein Vibraphon und spielt den News-Vorspann. Dann holt er sich zur Belohnung eine kalte Frikadelle mit einer trockenen Scheibe Brot und geht wieder nach Hause.

Nach der Aufzeichnung muß das Publikum erst noch Autogramme der Stars entgegennehmen, bevor es endlich nach Hause darf. Das Team aber feiert die Sendung, in diesem Fall sogar die fünfzigste! Nur ein einsamer Redakteur schleicht sich ins Schnittmobil, um die Sendung zu bearbeiten. Die Party geht weiter bis in den frühen Morgen.

Am Samstagabend nimmt schließlich ein RTL-Techniker die Sendungs-Kassette, legt sie in ein Abspielgerät und drückt auf "Start". Und schon wieder ist Deutschland um eine Stunde Fernsehgeschichte reicher.

Freitag, 24.03.1995 **Tagesbericht** Sendung 50

Arbeitsbeginn		
Martin Ernst	09.30	Aufbau Backline
Samstag Nacht All Stars:	10.00	Proben
Comedians:	10.30	Esther und Stefan
	12.30	Tanja, Mirco, Olli und Wigald
Bernd Kugler:	12.30	Verkabelung Band
Team:	13.00	Regie, Regie-Ass., gesamte Technik, Al, Licht, Bimi, Requisite, Maske, Kostüm, Bühne, Kabelhilfen
	13.30	Kamera, Feuerwehr
Gäste:	10.00	Samstag Nacht All Stars (in Eigendispo)
	12.30	Stefan Raab (Abholung durch Amlang)
	13.00	Eva Herman (Abholung durch Amlang)
	13.00	Andreas Arnstedt (Abholung durch Amlang)
	13.00	Yvonne Weilbach - "Hexenhaus" (in Eigendispo)
	09.30	Musikaufbau
	10.00	Probe Band "Samstag Nacht All Stars"
	11.00	Probe "Ketten-Sägen-Song" mit Esther, Stefan und Martin Ernst
	12.30	Probe Stefan Raab und "Samstag Nacht All Stars"
	13.00	**Kurze BESPRECHUNG SENDUNG 51** mit Redaktion, Regie, Regie-Ass., Bimi, Al, Ausstattung, Bühnenmeister, Kostüm, Maske
	13.00 - 13.30	Besprechung Comedians
	13.00 - 13.30	Technische Vorbereitung, Kameraajustage Kostüm/Maske, Comedians T-Shirtausgabe
	13.00 - 14.00	Soundcheck/Probe Yvonne Weilbach und "Samstag Nacht All Stars"
	14.00 - 16.45	**Durchlaufprobe** (in Kostüm, ohne Maske)
	16.45 - 17.45	Pause (versetzte Pause für Maske und Kostüm) Maske, Kostüm für Generalprobe Putzen Lackboden
	17.45 - 18.00	Vorspannbild mit Yvonne Weilbach - "Hexenhaus" und Aufsager mit Eva Herman für "Jugend forscht"
	18.00 - 19.30	**Generalprobe Sendung 50** (in Kostüm und Maske) Mitschnitt auf Beta **incl. Probe - News mit Esther, Stefan und Eva Herman**
	19.30 - 20.30	allg. Vorbereitungen für Aufzeichnung Maske und Kostüm für Aufzeichnung
	19.30 - 20.30	Putzen Lackboden
	20.30	**Team klar**
	20.30	Publikumseinlass
	20.50	**Warm up**
	21.00 - 22.00	**Aufzeichnung Sendung 50**
	22.30	Arbeitsende Kamera
	22.30 - 23.00	Allg. Rückbau
	23.00	Arbeitsende restl. Team

BACKSTAGE

▶ Freitag: Heute ist der wichtigste Tag

Die RTL-Samstag-Nacht-Allstars

Seit Januar 1995 hat Samstag Nacht eine eigene Band: Die ALLSTARS um den Keyboarder und Bandleader Martin Ernst, der auch die Samstag-Nacht-Titelmusik komponiert und eingespielt hat. Mit dabei waren auch damals schon einige der heutigen ALLSTARS. Außerdem machte Martin unter anderem Musik für "Schmidteinander" und "Die Sendung mit der Maus". Die ALLSTARS spielen jetzt als Begleitband für die Comedians und Musikgäste, außerdem im Warm-up und als Übergang zwischen den Sketchen.

Das sieht man daran, daß erst einmal überhaupt nichts los ist.

Unser Kameramann Stefan macht so schlechte Bilder, daß wir ihn lieber in den Sketchen mitspielen lassen.

Regisseur Bernie Abt (links, in seiner Wohnung, gleichzeitig Ü-Wagen) ist seit der ersten Samstag Nacht dabei. Wegen seiner Arbeit hier gilt er auf dem Arbeitsamt als schwer vermittelbar.

Im Foyer gibt es Kölsch und Kuchen - warum will das Publikum eigentlich ins Studio?

270 Auserwählte in der heiligen Halle. Die dritte Frau von links wird in Kürze auf dem Fernsehaltar geopfert werden.

BACKSTAGE

▶ **Samstag: Deutschland ist um eine Stu**

Romeo (Mitte) macht das Publikum warm für die Sendung. Da alle Zuschauer einzeln drankommen, verschiebt sich die Aufzeichnung um etwa vier Stunden.

Wie immer rotieren die Comedians in ihren Jobs: Wigald wird heute als Tanja geschminkt.

Bei uns begrüßt Sie der Produzent persönlich: Hugo Egon Balder. Hier hat er gerade bei einem Besucher seine geklaute Lederjacke wiedergefunden.

Auch heute gibt es wieder Geschenke für unsere Gäste - wir machen Privatfernsehen, wir können uns das leisten!

Fernsehgeschichte reicher.

"Ja, hallo, erst mal..."-Dauergast Rüdiger Hoffmann bringt Tempo in die Show.

Hier ist Olli wieder in seinem normalen Outfit. Für die Sendung bekommt er von seinem Maskenbildner Ralf Karasch eine Perücke mit kurzen Haaren.

Stefan dirigiert die Kamera mit einem halben Hamburger.

Esther wird bei dem Versuch erwischt, ein Mikro zu essen.

BACKSTAGE

Esther verdient sich auf der anschließenden Party mit dem Verkauf von selbst warm gemachten Fertigsuppen ein paar Mark dazu.

Hoher Besuch von RTL: Hugo erklärt Programmdirektor Dr. Helmut Thoma und Programmchef Marc Conrad die Gags.

Stefan Raab hat für die Sendung wieder so wenig Gage bekommen, daß er auf der Party noch als Alleinunterhalter die Fahrkarte nach Hause verdienen muß.

Unsere vier Barkeeper bei dem Versuch, exklusive Cocktails zu mixen. Da sie keine Shaker benutzen, dauert das Experiment zur Zeit noch an.

Aus unserer Vitrine

Auf dieser Seite wollen wir mal mit einem alten Gerücht aufräumen: RTL Samstag Nacht hat nicht den Nobel-Preis für Chemie erhalten. Aber viele tolle andere Preise, auf die wir mächtig stolz sind. Gerade in dem hochkarätigen Umfeld der Mitnominierten. Wir können nur sagen: Alle hätten gewinnen können. Das hätte uns aber ziemlich geärgert.

Der BAYERISCHE FERNSEHPREIS 1994 wurde uns in Aurich verliehen. Dieser Preis sieht aus wie ein weißer Porzellanpanther und ist es auch.

Von den Hörern von RTL Radio gab es den GOLDENEN LÖWEN. Der sieht übrigens aus wie ein goldener Löwe.

Wigald Boning erhielt von ARD und ZDF den TELESTAR-Förderpreis. Er sieht aus wie ein kleiner Mann mit Brille und schrägem Outfit. (Nicht der Telestar, sondern Wigald!)

Vom Burda-Verlag bekamen wir dann den BAMBI. Der sieht wieder aus wie ein Tier, und zwar wie ein großer Hase mit vier schlanken Beinen und kurzen Ohren. Eine gewisse Ähnlichkeit zum Reh ist nicht abzustreiten, aber das heißt ja "Klopfer".

Das altehrwürdige Grimme-Institut gab einen GRIMME-PREIS für "Zwei Stühle - Eine Meinung" an Wigald und Olli. Der sah aus wie Beckenbauer - also Olli meinen wir.

Die jüngste Auszeichnung ist wohl die allerbeste: Das Buch "RTL Samstag Nacht" wurde ausgezeichnet von den Buchhändlern. Und zwar mit 29,80 DM. Vielen Dank!

PS: Wie wir soeben erfahren, war die Verleihung des Bayerischen Fernsehpreises gar nicht in Aurich, sondern in München. Damit konnten wir nicht rechnen. Wir bitten untertänigst um Vergebung.

KEIN WITZ!

Hallihallo
und schmerzlich willkommen am Ende dieses Buches.

Bekanntlich kommt alles Gute nicht bloß von oben (Grüss Gott, wenn du ihn siehst, lieber TV-Satellit!), sondern geht auch mal zu Ende. Und da ist es gut zu wissen, wo es neuen Augenschmaus und weiteren Schmunzelspaß zu tanken gibt: Samstag Nacht bei RTL, und unter der Woche in Ihrer Buchhandlung.

Wenn Sie also...
... das RTL SAMSTAG NACHT-Buch von vorn bis hinten durchgelesen haben und jetzt dringend ein neues brauchen...
... sich mit dem RTL SAMSTAG NACHT-Buch so richtig warmgelacht haben und nicht aus der Übung kommen möchten...
... am RTL SAMSTAG NACHT- Buch nicht nur Texte, sondern auch die starken Bilder zu schätzen wußten...
... Bücher wie das RTL SAMSTAG NACHT-Buch lieber von hinten nach vorn durchblättern statt sie von vorn bis hinten zu lesen...
... jemanden kennen, der nicht weiß, was ein Buch ist, und deshalb eines verpaßt bekommen sollte...
...dann sind Sie und wir hier genau richtig, und wir mißbrauchen gerne die Gelegenheit, um Ihnen ein paar Bücher zu empfehlen, die es in sich haben:

Hier lassen Sie Ihre Augen weiden:
Das geniale Rolling Stones-Bilder-Buch
Sebastian Krüger: Krüger's STONES
96 farbige Seiten, DM 78,00

Das Buch zum SF-Film des Jahres mit dem schönsten Monster seit "Metropolis".
H.R. Giger's SPECIES-Design
96 z.T. farbige Seiten, DM 38,00

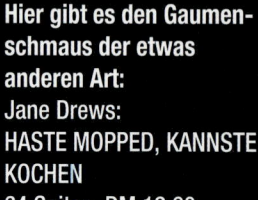

Hier gibt es den Gaumenschmaus der etwas anderen Art:
Jane Drews:
HASTE MOPPED, KANNSTE KOCHEN
64 Seiten, DM 19,80

GERN SENDEN WIR IHNEN WEITERE INFORMATIONEN ÜBER UNSER PROGRAM

Und hier darf gelacht, gegröhlt und gewiehert aber auch ganz still geschmunzelt werden:

Kamagurka: MITTWOCH IST MEINE BEERDIGUNG. DU KOMMST DOCH, ODER?
80 Seiten, DM 22,00

Rattelschneck:
GROßE AKTION! KRANKE BESUCHEN GESUNDE
64 z.T. farbige Seiten, DM 24,80

Erich Rauschenbach:
ICH BIN SCHON WIEDER ERSTER!
80 Seiten, DM 22,00

Burkh: UND ICH ARSCH GEWÖHN MIR ...
64 z.T. farbige Seiten, DM 24,80

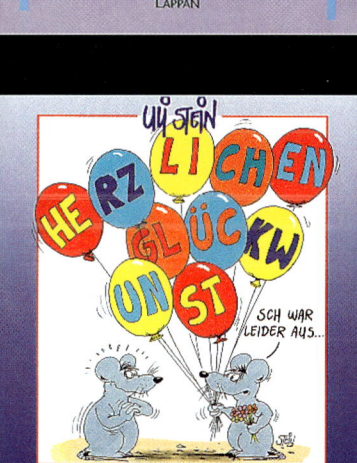

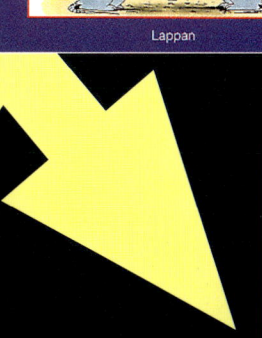

Papan: WAS DENKST DU SCHATZ?
64 z.T. farbige Seiten, DM 24,80

Peter Butschkow: HERZLICHEN GLÜCKWUNSCH ZUM 20. GEBURTSTAG
48 farbige Seiten, DM 10,00

Til Mette: CARTOONS FÜR STUDENTEN
56 farbige Seiten, DM 22,00

Uli Stein: HERZLICHEN GLÜCKWUNSCH
48 farbige Seiten, DM 10,00

Uli Stein: SOLANGE ER NICHT IN MEINE GERANIEN TRITT...
64 farbige Seiten, DM 22,00

Bleiben Sie dran. Wir tun es auch.
Lappan. Ihr Verlag.

...ABER WITZIG!

Textbeiträge:
Abraxas
Florian Bähr
Ralf Betz
Wigald Boning
Andreas Czech
Die 2 vom Knapsacker Hof
Markus Dittrich
Olli Dittrich
Dieter Hoeppner
Klaus Joachimmeyer
Stefan Jürgens
Attik Kargar
Hein Keller
Patrick Krebitz
Mirco Nontschew
Martin Nusch
Holger Schmidt
Teddy Schultze
Tanja Schumann
Esther Schweins
Mathias Taddigs
Julia Thesenfitz
Jürgen Urig
Paulus Vennebusch
Manfred Winkens

Fotografen:
Horst Galuschka
Frank W. Hempel
Holger Hoffmann
Stefan Menne
Stephan Pick
Elgin Steinbauer